LES

NAINS CÉLÈBRES

DEPUIS

L'ANTIQUITÉ JUSQUES ET Y COMPRIS

TOM-POUCE

PAR A. D'ALBANÈS ET GEORGES FATH

ILLUSTRÉS

PAR ÉDOUARD DE BEAUMONT

PARIS

PUBLIÉ PAR GUSTAVE HAVARD,

24, RUE DES MATHURINS-SAINT-JACQUES.

TABLE DES MATIÈRES.

LES

NAINS CÉLÈBRES

PARIS. — TYP. LACRAMPE ET COMP., RUE DAMIETTE, 2.

Edouard de Beaumont.

LAVIEILLE

BARIOLAGE PRÉLIMINAIRE.

ı nous consultons l'antiquité la plus reculée, nous voyons qu'il y est question de ces êtres hors ligne par leur exiguïté, de ces êtres qui ne sont qu'une minime fraction du géant Anté, ou même d'un Achille. Hésiode d'abord, et Homère ensuite, dans leur divine poésie, ont consacré des chants aux pygmées. Aristote, ce savant qui a tout traité, n'a pas non plus gardé le silence sur ce point ; il disserte gravement sur « les petits hommes ou pygmées. » Pauvres nains ! voilà certes de quoi consoler vos ombres, qui, tout enorgueillies, sont capables d'en grandir au moins d'une coudée.

Mais, vont s'écrier les incrédules, qui nous dit qu'Hésiode et Homère n'ont pas puisé leurs pygmées dans leurs cerveaux ? les poëtes et le mensonge de tout temps furent amis.—Oui, mais la science ?—La science ?... elle ne se trompe jamais, surtout lorsqu'elle s'appuie... sur Aristote... j'allais écrire : et sa docte cabale ; mais je retiens ma plume. Voltaire, lui qui a écrit le pyrrhonisme de l'histoire, ne doute pas de l'existence des pygmées. Il nous dit que ce n'est point une fable. Aussi, pour lui, le peuple lapon est une réalité et non une fiction. Buffon... celui-là, j'espère, ne plaisante pas... Buffon admet aussi les Lapons. Et les voyageurs... oh ! nous entrons tout à fait dans le véridique... les voyageurs lui ont appris que la zagaïe et le trait étaient leurs armes ; qu'ils maniaient l'une avec une habileté supérieure, et qu'ils lançaient l'autre avec non moins de dextérité que de justesse. On le voit, ils avaient

3

du goût pour les armes, les Lapons! C'est peut-être pour cela qu'un beau
jour un roi, Gustave-Adolphe, ce petit-fils de Gustave Wasa, eut
l'idée de faire un régiment composé de Lapons suédois; il y consacra
tous ses soins, et déjà il avait obtenu d'heureux résultats dans ce
qu'on appelle simplement l'exercice. Par ses ordres, des listes sont dres-
sées pour le choix et la nomination des officiers et du colonel; mais il
restait à faire une opération décisive : c'était l'exercice à feu. O désappointement royal! voilà qu'en présence même du roi, les nains, au
premier coup de feu, s'enfuient à toutes jambes de tous côtés, et qu'il
est impossible de les rallier. Le roi, dans sa colère, les traita de peu-
reux, de poltrons, les frappa à jamais de réprobation, et les renvoya
en leur lançant cette apostrophe à la face : « Vous ne serez jamais que
des propres à rien! »

Ce dénoûment est vraiment malheureux : peut-être qu'un jour,
eût-on dû crier au miracle, on aurait vu un régiment de nains enfon-
cer un carré de Patagons!

Et les nains de l'île de Madagascar, ou, autrement dit, les Esqui-
maux [1], sont-ils guerriers ceux-là? Ma foi, on les dit très-belliqueux,
quoique pas du tout agresseurs, qualité que, pour l'exemple, abstrac-
tion faite des nains, nous tenons à constater. Quant aux facultés intellec-
tuelles, en un mot à l'esprit, si nous nous en rapportons au voyageur Com-
merson, ils en ont beaucoup, sont fort adroits, et remplis de ce qui est
indispensable à toute chose, l'activité. Mais quand nous aurons dit que si
on leur ôtait la parole et leur esprit il ne resterait plus que de vrais singes, et que leurs bras, allongés outre mesure, font que leurs mains, lors
même qu'ils se tiennent parfaitement droits, dépassent de beaucoup
le genou, ce qui n'est pas le moins du monde dans les proportions
académiques, bien des gens, auxquels il ne manque rien... sous le
rapport des proportions et des formes... sont capables de crier au
scandale et de dire, tout furieux de jalousie : Mais, encore une fois,
où l'esprit va-t-il se nicher? Où?... vous l'avez vu... Allez, croyez-moi,
c'est une perfidie du ciel, et qui vous est toute personnelle encore!

Mais je m'aperçois que le sentiment de Voltaire sur les pygmées a
singulièrement interverti l'ordre chronologique de ma narration his-
torique... Ce mot fait sourire mon lecteur... Douterait-il de la véra-
cité de mes paroles? Quoi qu'il en puisse être, je reprends, et j'entre

---

[1] Ce mot vient de *quimois*, qui veut dire, en espagnol, *petits hommes*.

dans l'antiquité romaine. Oh ! c'est là, chez ces demi-dieux de la terre, que nous allons voir du curieux ! Écoutez un peu !

Les Romains de cette époque-là étaient fous des nains, par cette seule raison que la nature en produisait fort peu. Vous le voyez, de tout temps l'espèce humaine, même au temps des demi-dieux de la terre, fut faite de même. Mais avoir des nains ne fut donc que le partage des grands, puisque, à cette époque comme aujourd'hui, eux seuls avaient l'argent. Pour arriver à satisfaire ces amateurs, l'industrie commerciale de l'époque obtenait de certaines mères romaines qu'elles lui vendissent leurs enfants. Les marchands de nains les emportaient chez eux, et là employaient toutes sortes de jolis petits moyens, tels que boîtes, étuis, etc., pour empêcher ces pauvres créatures de croître. Mon Dieu ! quel malheur que les banquiers, les Rothschild et compagnie de cette époque-là n'aient pas connu le système des actionnaires ! Morbleu ! quelles bonnes affaires ils eussent faites ! ils eussent semé la graine de niais à pleines mains, et les actionnaires eussent poussé à foison !

Ces mêmes Romains firent des gladiateurs de leurs nains, et joignirent une cruauté à une autre cruauté. Plus tard, dans le moyen âge, et ce fait différencie complétement les époques, les nains, s'ils servaient encore d'amusement aux princes, aux grands de ce monde, ce fut au moins dans un tout autre but ; ils étaient ou leurs jouets ou leurs bouffons.

Et ce goût du moyen âge pour les nains est une importation des croisades. Il y en avait à la cour du Grand-Seigneur, et l'on rapporte que le nain qui joignait à son exiguïté la privation de la parole, de l'ouïe, etc., avait, en récompense. l'inestimable avantage de valoir un meilleur prix, et surtout d'être le favori du Grand-Turc. Inappréciable compensation !

Ainsi, c'est de l'Asie que les rois de France, d'Angleterre et les empereurs d'Allemagne prirent l'habitude d'avoir des nains à leur cour, goût bizarre et singulier qui ne peut guère trouver sa justification, ou plutôt son excuse, que dans la manie de se distinguer par la possession de ce qui est rare.

Pardonnons à ces caprices royaux ; ceux-là, du moins, n'ont fait de mal à personne ; au contraire, ils ont tiré de la misère, peut-être, quelques-unes de ces pauvres créatures ; mais que de fois n'ont-elles pas dû s'écrier : Quoi ! nous ne devons notre position qu'à notre im-

perfection, et, sans elle, on n'eût pas fait plus attention à nous qu'à
bien des hommes, qui contrastent tant avec nous que nous les faisons
paraître plus grands qu'ils ne le sont, et qu'ils nous font paraître plus
petits encore que nous sommes!

Ce n'est pas aux plaisirs des rois et des empereurs seulement que les
nains furent consacrés; les chroniqueurs nous disent encore qu'à l'é-
poque de notre histoire où les seigneurs châtelains commandaient
en rois dans leurs manoirs, dans leurs châteaux, ils leur servaient
de pages; que, de plus, ils étaient les messagers d'amour de nos galants chevaliers; que, porteurs de leurs vœux, de leurs ardents désirs,
ils se rendaient auprès de belles et nobles dames, montés sur d'élégants palefrois, caparaçonnés avec cette
recherche et ce goût qui les sédui-
saient tout d'abord, et que le désir de
plaire peut seul inspirer à l'amour.

Aussi, le nain chargé d'une pareille
mission oubliait son exiguïté, oubliait
un instant qu'il n'était qu'une fraction d'homme; et quand il arrivait près
d'un château, que son bras s'armait du
cor suspendu à son cou, et qu'au son de
l'instrument les ponts-levis des châteaux s'abaissaient, oh! alors rien n'é-
galait sa joie; il se croyait, pour le
moins, un héros; et quand il arrivait
près de la dame et qu'il déposait son message à ses pieds, l'accueil
qu'il en recevait lui faisait oublier et les fatigues du voyage et...
qu'il n'avait pas travaillé pour lui. Heureuses illusions. ô vous char-
mants soutiens de la vie! c'est bien aux nains surtout que vous êtes
utiles en pareilles circonstances!

Temps heureux de l'espèce *rabougrie*, vous avez donc disparu!
— Mais pourquoi ne pas nous avoir entraînés avec vous? s'écrie le
peuple nain. — Comment! pygmées, vous vous plaignez? mais songez
donc que la chevalerie, composée d'hommes d'élite, de choix, d'hommes qui réunissaient tout, noble taille, cœur grand et généreux, qui
ne vivaient que de valeur et d'amour, a disparu de ce monde avant
vous. En effet, les nains étaient encore en faveur chez les rois de
France, chez les comtes de Flandres, quand le rideau de l'oubli était

déjà tiré sur la chevalerie. C'est, je l'espère, le triomphe des petits sur les grands. Aussi, plaignez-vous !

De quelque côté que l'on tourne ses regards, nains, on vous retrouve, grâce à l'orgueil humain, qui aime à se nourrir d'*extraordinaire*. Cependant, ce que nous allons raconter prouve que l'orgueil humain y joint quelquefois autre chose.

Nous sommes en Italie, à Rome, vers le milieu du seizième siècle, sous le pontificat de Marcel II. Il règne de toutes parts dans la maison du cardinal de Vitelli une activité qui ne peut avoir pour mobile qu'une somptueuse réception, qu'un splendide banquet. En effet, on ne voit qu'allées et venues de serviteurs de toute nature. Le sommelier, le Vatel du temps, sont à leur poste avec la gravité d'un général qui, par la perte ou le gain d'une bataille, tient dans sa main la destinée du monde, quoiqu'il ne s'agisse tout simplement que d'un dîner. Il est vrai que c'est un dîner chez un cardinal, et que rien ne devait y manquer en fait de choses rares, pas même des nains. On va le voir. Dans une pièce spacieuse, que l'art a richement décorée et qu'éclairent mille brillantes lumières que les lustres semblent multiplier à l'infini, une table est dressée. On y remarque les objets les plus rares ; plusieurs même étaient dus au talent surnaturel et merveilleux de Benvenuto Cellini, qui faisait partie des invités. On remarque surtout deux magnifiques vases en argent, ciselés par le grand artiste. Cette table, à la grande surprise des convives qui envahissaient le magnifique cénacle, était entourée d'estrades à trois gradins et placées de distance en distance. Sur l'invitation gracieuse du cardinal de Vitelli, les dames sont d'abord conduites aux siéges qui leur sont destinés, et les cavaliers se placent ensuite. Mais chacun se demandait à quoi devaient servir les estrades posées autour de la table, et on lisait dans les yeux du maître la joie qu'il en éprouvait. Le moment d'occasionner à ses invités une surprise sans pareille était venu. Il donne un signal ; sur-le-champ deux portes latérales du fond s'ouvrent, tous les regards se tournent vers ces deux issues : au même instant, trente-quatre nains, vêtus à l'italienne, mais diversement et avec recherche et élégance, entrent sur deux rangs et se répartissent aussitôt, la serviette sur le bras, autour de la riche et somptueuse table. Et chaque convive d'ouvrir les yeux, de se questionner l'un l'autre, de se témoigner leur surprise ! Mais déjà beaucoup de nains se sont placés au dernier gradin des estrades, et, s'efforçant de faire de la grâce, veillent avec soin

4

à ce que chaque convive ne manque de rien. Les uns offrent le vin
le plus exquis, les autres offrent le pain, beaucoup d'autres se tiennent à l'ouverture des portes et reçoivent, des mains des officiers de
bouche, des mets qu'ils apportent sur la table. On peut juger de la
surprise des convives, qui alla toujours en augmentant jusqu'à la fin
du repas.

Pendant longtemps il ne fut question que du festin donné par le
cardinal de Vitelli, et chaque convive ne pouvait faire un pas dans la
ville sans être assiégé de questions. Ma foi, nous le comprenons de
reste, nous qui douterions du fait, incrédules que nous sommes, s'il
ne nous était raconté par Blaise de Vigenère, qui ne fut rien moins
que l'un des convives.

Cent fois on l'a dit et cent fois on le dira encore, rien ne doit éter-
nellement durer, et l'étoile des nains devait un jour pâlir comme
celle de tant d'autres. En effet, dans le seizième siècle, les rois, en
France, et, par esprit d'imitation, les grands seigneurs, recherchaient
déjà bien moins les nains. Cependant, la mère de Louis XIII était par-
venue à les remettre à la mode, et l'on crut un instant que la gente
lilliputienne avait reconquis son importance. Mais, vain espoir !
Louis XIV arriva, et, peu flatté de la taille et des formes de ces
tiers ou quarts d'hommes, le grand roi, qui ne voulait que des Tu-
renne, que des Condé, des La Vallière, des Maintenon, supprima sans
miséricorde la charge de nain. Mais voyez pourtant ce que c'est que
l'habitude et surtout l'usage : quand ils ont vieilli ensemble, c'est
comme les *coutumes :* ils ont force de loi. Ainsi il fallait au grand roi
une circonstance grave pour prendre cette détermination; nous
voulons parler de la mort de son nain Balthazard Pinson, arrivée en
1662. Or, voici comment les choses se passèrent : « Le 28 août 1660,
un musicien nommé Pierre Pièche reçut du roi le brevet d'intendant
des instruments musicaux servant au divertissement du roi. Deux ans
après, le 3 mars 1662, le même Pierre Pièche fut nommé musicien et
garde des instruments de la chambre du roi; et, dit son brevet pour
cette nouvelle charge, déposé aux Archives générales de la France,
« Afin de n'estre point obligé de former un nouveau fonds pour l'ap-
pointement que S. M. désire estre affecté à la dicte charge, elle entend
que les gages qu'a le dict Pièche par la mort de Balthazard Pinson,
nain, ne soient plus reçus soubs le tiltre de nain, mais qu'ils soient dé-
livrez soubs le tiltre de musicien et garde des instruments de la musi-

que de la chambre, qui, pour cet effect, sera désormais employé dans les estats de sa maison, au lieu dudict tiltre de nain. » De par l'ordonnance du grand roi, depuis ce temps on n'en vit plus à la cour. Ainsi, pauvres *exigus*, votre règne est passé déjà depuis longtemps, et rien n'en fait présager le retour. Mais la célébrité que vous avez eue, et c'est bien le moins, vous accorde une place dans l'histoire. Moins heureux que vous, ceux qui vous succéderont, sauf quelques exceptions qui ne se renouvelleront que de loin à loin, passeront inaperçus sur cette terre, comme bien des hommes de grande taille! Inaperçus!... Ne vous fâchez pas, nains futurs, ce n'est point une moquerie que je dirige contre vous. Du reste, aux gens qui veulent vous railler, répondez en tendant le jarret et relevant la tête :

« Alexandre le Grand était petit de taille,

et nous avons aussi nos *grands hommes*. Jefferys Hudson n'a-t-il pas été jugé digne d'une brillante épopée par le poëte anglais Davenant, qui a fait *la Jeffereïde* et un poëme sur le grand Shakspeare? et, plus récemment, Walter Scott ne l'a-t-il pas mis en scène dans un de ses romans? Si les poëtes ne nous ont pas trouvés indignes de leur muse, les peintres ne nous ont pas jugés indignes de leurs pinceaux. Le nain de Charles-Quint est peint en pied par François Torbido, dans un tableau du Louvre, et Bébé a eu les honneurs de la scène[1]. Non, nous ne sommes pas les plus mal partagés : et pour peu qu'un jour une bonne âme veuille se faire notre historien et mettre notre célébrité en évidence, on verra quel avenir enfantera le passé! »

Très-bien! messieurs les nains, voilà qui est parlé, et si vous continuez, morbleu! vous grandirez dans l'opinion.

A notre tour, nous dirons, loin de vous contredire, que le peuple nain tient aussi son rang dans le domaine de l'imagination Qui ne connaît la philosophique et ingénieuse fiction de Gulliver, où, pour produire plus d'effet (c'est l'inverse de ce qui se fait ordinairement), Swift vous a encore rapetissés? Et si nous voulons parler d'une œuvre tout à fait moderne, nous vous citerons *Trilby*, ce lutin d'Argail, qui est si petit que la pauvre Jeannies, ce cher objet de son cœur, de sa pensée, n'a jamais pu le voir. Savez-vous bien que ce Trilby fait presque regretter de n'être pas nain? Et puis, figurer, toujours sans être vu

---

[1] *Bébé ou le Nain du roi Stanislas*, jolie et spirituelle petite comédie de M. Angel.

s'entend, dans une œuvre aussi légèrement vaporeuse, dont la grâce toute
sylphidéenne semble vous bercer dans l'espace, mais c'est toute une
vie! Et quand on a achevé la lecture de ce joli lutin, un vague charmant, disons-le, un délicieux *je ne sais quoi* s'empare et du cœur et
de l'âme; on ne dit rien, on songe, on s'écoute vivre tout doucement;
puis un doux rêve s'empare de nous, nos yeux faiblissent, et, quoique
la pensée s'éteigne et meure dans le dernier instant qui précède le
sommeil, comme la vue se perd dans l'espace, un nouveau sens que
nous avons acquis en lisant *Trilby* nous est resté et nous rend heureux encore. O Charles Nodier!... Mais tu n'es plus, et je ne puis que
pleurer...

Ainsi, nains, ne soyez pas jaloux des géants, quoique, naturellement,
on vous les opposera toujours. Je dis toujours, parce que nous sommes
très-enclins à prendre toutes les espèces par les deux extrémités :
l'éléphant et la fourmi, l'aigle et l'oiseau-mouche, la baleine et le
remora, les Patagons et... vous, messieurs les nains; les... Je m'arrête,
je passerais en revue la nature tout entière, et j'en ai dit assez pour
prouver que ce qui fixe le plus notre attention dans ses productions,
c'est assurément le *gigantisme* et le *nanisme*.

I

UNE NICHÉE DE NAINS.

e tous les temps et chez tous les peuples, les étrangetés de nature, les
étrangetés ridicules surtout, ont eu
le privilége d'exciter l'attention au
plus haut degré. Bien des gens ont dû
leur fortune aux grandes infirmités qui paraissaient devoir les
accabler, en même temps que beaucoup d'autres sont morts de
leurs perfections. Peut-être faut-il chercher l'explication de
ce fait dans les besoins de l'imagination, qui se complaît aux
choses inaccoutumées, ou plus encore dans les satisfactions

5

d'amour-propre qu'éprouve tout homme bien construit en face
d'un être dégradé. Quoi qu'il puisse résulter de ces bizarreries,
il est avéré que les nains ont été de mode chez les nations qui
avaient le plus l'amour du beau et du grandiose. Les Sybarites
en faisaient des sortes de pages, que les uns appelaient *scoopes,*
et les autres *stilpons;* lesquels pages partageaient avec de petits
chiens de Malte l'honneur de suivre leurs maîtres, même aux
gymnases.

La mollesse de ces voluptueux raffinés trouvait son compte
à la petitesse de ces serviteurs, qui, sans les embarrasser plus
qu'un singe ou qu'un écureuil, leur rendaient toutes sortes de
petits soins, tels que de les éventer, de les parfumer, de les
épiler, dernier travail que certains bienfaiteurs de l'humanité ont
fait passer chez nous à l'état d'*industrie*, et cela sans doute
pour obvier à l'entière disparition de la fontaine de Jouvence.
Parmi les empereurs romains, Auguste, bien qu'il détestât les
nains, les traitant d'avortons de mauvais augure, s'attacha le
jeune Lucius, qui n'avait pas deux pieds de haut, mais dont la
voix était, à l'inverse de son corps, d'une étendue prodigieuse.
L'amour qu'avait Auguste pour les représentations théâtrales
fut probablement la cause de cette sorte d'adoption, car il n'eut
pas sitôt vu Lucius qu'il s'empressa de le montrer au peuple,
dont il aimait par-dessus tout à satisfaire la curiosité. Il fit donc,
dans cette intention, publier partout Rome, qu'il donnerait dès
le lendemain une fête extraordinaire.

Les spectateurs, qui depuis longtemps remplissaient le cirque, venaient d'assister aux différentes luttes des gladiateurs, et étaient véritablement ennuyés de ces stupides combattants qui, bien que tués fort habilement, ne savaient pas mourir avec grâce.

Enfin, un gigantesque prisonnier gaulois parut seul dans l'arène.

Il portait à la main une épée énormément forte et longue, et recouverte d'un fourreau d'acier. Marchant avec majesté, il fut la planter en terre au milieu du cirque. Après quoi, il ôta son casque, qu'il déposa tout auprès de l'épée, puis se retira au milieu de l'étonnement du peuple, qui ne savait trop que présager de ce début. Mais ne voilà-t-il pas qu'une voix humaine, d'une suavité et d'une étendue extraordinaires, sort tout à coup de ce casque du Gaulois, et remplit les airs d'un chant en l'honneur de Jupiter tonnant, qui avait autrefois épargné le grand Octave, puis d'un autre en l'honneur des blanches vestales, dont Auguste venait de rétablir les priviléges, et enfin, d'une hymne en l'honneur des splendeurs romaines.

Des applaudissements frénétiques éclatèrent de toutes parts.

Dans ce moment, une petite créature, vêtue pourtant de la robe virile, sortit du casque avec la vivacité d'un éclair, et grimpa lestement s'asseoir sur la garde de l'épée, que le Gaulois venait de disposer à cet effet, et de là, salua l'empe-

reur et l'assemblée entière, émerveillée de ce dont elle était témoin.

Après la ˙mort de Lucius,
qui était de famille patri-
cienne, Auguste lui fit élever
une statue de bronze dont les
yeux étaient, dit-on, figurés
par deux diamants magnifiques.

L'horrible Tibère, dévoré de
craintes et retiré dans l'île de
Caprée pour échapper aux effets
de l'exécration publique, avait
un nain pour familier et qu'il recevait même à sa table. Ce seul
petit personnage avait l'insigne audace de lui dire chaque soir
les plus dures vérités, vérités qu'un autre eût expiées par des
tortures inouïes.

Le nain le raillait impitoyablement sur ses débauches et ses
continuelles frayeurs de la mort, sur les paniques risibles que
le bruit de la foudre lui causait, sur son avarice et sur son infâme calcul de tuer les gens notables pour s'approprier leur
fortune. « Il lui disait qu'il tuait un homme riche, comme ferait
un bandit, dans l'unique but de le dépouiller plus à l'aise. »

Tibère, qui était d'une force musculaire prodigieuse, le
saisit un jour dans un mouvement de colère, et allait le lancer à la mer, des hauteurs escarpées qui, sauf un passage

fort étroit, rendaient de tous côtés l'île de Caprée inacces-
sible. « Oh! oh! cher empereur!... cria le nain, que Tibère
tenait au bout de son bras comme un
caillou, que te sert de me dépêcher aussi
vite, mon testament n'est point encore
fait, et le fût-il, que tu n'aurais pas la
valeur de deux as à glaner sur mes
restes? D'ailleurs une fois devers Pluton,
je ne saurais guère comment t'avertir de
la présence de ceux qui déjà voudraient
te voir aux gémonies, faire le gracieux
à la remorque d'un croc. » Tibère le
lâcha à cette dernière considération. Le
nain, retombé sur ses jambes, continua de remplir son rôle
comme devant. Tibère, dont Théodore de Gadorée, son maître de philosophie, disait : « C'est de la boue détrempée dans
du sang, » n'eut peut-être ici-bas pas de punition plus cruelle
que les sarcasmes incessants de ce nain, qu'il gardait cependant comme une sentinelle dont il connaissait la vigilance et la
fidélité.

Le nain vêtu d'écarlate, qui accompagnait Domitien aux
spectacles, jouissait près de lui d'une certaine faveur. Le farou-
che empereur, dont la cruauté surpassait assurément celle
de Tibère, le consultait fort souvent. On l'entendit un jour,
au cirque, lui demander s'il savait pourquoi le gouvernement
d'Égypte serait donné à Métius Rufus.

Domitien, qui, dans le commencement de son règne, avait l'habitude de s'enfermer pendant une heure pour enfiler .des

mouches avec un poinçon d'or très–aigu, fit une fois mander son nain pour qu'il le vînt aider dans cette opération, des plus importantes. Le nain faisait la chasse au gibier et le rapportait à son maître, qui lui passait soudain et magistralement ledit poinçon au travers du corps. Pourquoi ne se contenta-t-il pas toute sa vie de tuer des mouches? Mais il aimait à varier ses plaisirs, à passer des mouches aux hommes, à décider avec une égale promptitude de l'existence des humains et des insectes, et de plus ne souffrait pas que l'on se permît la plus légère censure. Aussi, lorsqu'un jour quelqu'un demanda à Vibius Priscus s'il n'y avait personne avec l'empereur, et qu'il répondit, « non, pas même une mouche, » ce trait de raillerie, qui vint aux oreilles de Domitien, ne lui coûta rien moins que la vie. — Mais ce cruel tyran épargnait au moins son pauvre nain? — Pas du tout.

Domitien qui excellait à lancer des flèches, lui ordonne de se placer sur un meuble, les bras et les mains étendus sur la muraille, sous le prétexte de prendre, comme but à atteindre, les interstices de ses doigts. Le nain connaissait trop l'adresse de son maître pour s'émouvoir un instant de cet ordre, qu'il exécute sans retard. L'empereur prend donc son arc, et d'un trait cloue la main gauche du nain à la muraille. Celui-ci pousse un cri douloureux, se croit victime d'une maladresse, et veut retirer la flèche qu'il vient de recevoir. Domitien saisit le moment, et lui cloue la main droite tout près de la gauche, et sort au milieu d'un fou rire. Ce ne fut qu'une heure après qu'il envoya quelqu'un le délivrer.

Domitien fit aussi dresser une troupe de gladiateurs nains, les plus grotesques qu'il put rassembler, et s'amusa à les faire combattre publiquement contre des femmes de la plus grande beauté. L'une d'elles eut tellement de dégoût d'être aux prises avec un de ces monstres, qu'elle le saisit avec fureur et le lança si violemment, qu'il fut se briser contre les énormes rouleaux mobiles qui, revenant sans cesse sur eux-mêmes, empêchaient

lés animaux furieux de s'élancer aux gradins destinés aux spectateurs.

De triples applaudissements accueillirent la défaite de l'horrible combattant.

Lorsque Domitien, effrayé des approches de la mort violente
que les Chaldéens lui avaient prédite dès son enfance, et pour
une époque déterminée, se fut fait construire une galerie en
pierres transparentes (pierres de Cappadoce nommées phengi-
tes), où il se promenait de manière qu'il voyait là, comme dans
un miroir, tout ce qui se passait autour de lui, son nain favori,
qui n'avait pas oublié l'espèce de crucifiement qu'il avait dû
aux royales distractions de son maître, forma le dessein de s'en

venger. Témoin, à toute heure, des transes mortelles que son tyran éprouvait, il résolut de les augmenter encore.

Dans ce but, il imagina de jeter des viandes en putréfaction au pied du mur qui tombait à pic au-dessous de la galerie et donnait sur une cour sans ouverture, et qu'un lourd treillis de fer, distant du mur, garnissait à l'intérieur, de sorte que Domitien, qui ne quittait plus cette retraite, voyait chaque jour avec une terreur croissante, en ce qu'il y lisait de sinistres présages, des nuées de corbeaux s'abattre devant lui avec d'affreux croassements. Domitien, en choisissant gratuitement pour victime de

ses cruautés le nain qui vivait près de lui, ne songeait pas que le plus infime est toujours assez puissant pour faire le mal et se venger, fût-ce même d'un empereur.

La belle Julie, fille d'Auguste, et successivement épouse de Marcellus, d'Agrippa et de Tibère, avait deux nains, Cunopas

et Andromède, qui tous deux présidaient à la toilette de leur
maîtresse, ou plutôt avaient coutume de la parfaire. Deux petites échelles de la hauteur de la divine fille de César étaient
pour cet usage maintenues droites au milieu de l'appartement,
et ce à la distance de deux pieds l'une de l'autre. Julie se tenait
au milieu, et les deux nains, penchés chacun sur le bout de son
échelle, donnaient à sa coiffure, de même qu'à son ajustement,
le dernier coup de l'artiste.

Marius Maximus et Marcus Tullius, ces fiers chevaliers romains qui n'avaient pas chacun deux coudées de hauteur,
étaient les meilleures lames de leur temps. La conformité de
leur stature les avait rendus inséparables : fortune, haines, sympathies, dangers, ils partageaient
tout. Cette rare amitié fut agréable
aux dieux, et l'on prétend qu'ils
avaient l'oreille du grand Jupiter,
avec qui ils s'entretenaient, nous
assure-t-on, fort souvent.

Après leur mort, qui eut lieu le
même jour, à la même heure, leurs
corps furent soigneusement embaumés par les soins du Gannal de l'époque ; ce sublime honneur, le seul que les plus ambitieux attendent patiemment,
fut la juste récompense de leurs vertus publiques et privées.

Parmi les nains illustres de l'antiquité, nous ne devons pas
non plus oublier l'orateur Licinius Calvus, qui, debout sur la tri-

bune aux harangues et exhaussant son éloquence de l'épaisseur de trois in-folio, plaida plusieurs fois avec gloire contre le grand Cicéron ; non plus que l'acteur Molone, si menu, qu'il tenait à l'aise dans une peau de chat, laquelle, accrochée par les deux bouts dans l'angle d'un meuble, en manière de hamac ou de toile d'araignée, lui servait la nuit de refuge. Ce dernier avait un frère dont la petitesse était proverbiale, et qui s'était fait voleur de grand chemin. Sa rare adresse à manier un cheval resté comme lui à l'état rudimentaire, et qu'il montait dans ses expéditions, le rendait, dans ses attaques aussi bien que dans ses retraites, d'une promptitude foudroyante.

Une jeune Romaine que le sort avait désignée pour être vestale prit la fuite afin de se conserver à ce nain, qu'elle aimait tendrement.

L'Égypte eut, de son côté, le grand Alypius d'Alexandrie, dont la taille n'allait pas à deux pieds. Philosophe renommé et excellent logicien, il remerciait Dieu de n'avoir pas chargé son âme d'une plus grande portion de matière corruptible.

Nicéphore rapporte qu'il y avait à la cour de Constantin un nain très-bon chanteur et pas plus gros qu'une perdrix.

L'histoire, trop indifférente sur ce point, ne mentionne nulle part s'il donnait favorablement l'ut de poitrine tant estimé des oreilles délicates ; toujours est-il que l'estomac d'un tel chanteur eût eu bien de la peine à digérer les cent mille francs par année que la patrie, noblement reconnaissante, adjuge chez nous à tout larynx bien réussi.

Carachus, homme supérieur et conseiller intime du grand Saladin, avait sauvé le sultan dans bien des occasions périlleuses.

Carachus était si petit, que Saladin pouvait le fourrer dans ses
larges manches et le consulter secrètement devant tous, sous le
simple prétexte de se gratter le front ou de rejeter son tur-
ban en arrière, ce qui est la coquetterie par excellence des

hommes de cabinet, de ceux néanmoins que le sort a favorisés de la coiffure orientale. De nos jours, les conseillers d'État (soit dit en passant), pour tenir plus de place au soleil que n'en tenait autrefois Carachus, en font-ils plus de besogne ?... Mais laissons, en terminant ce premier chapitre, la solution de ce problème très-ardu aux savants, aux lettrés, qui font métier de tout approfondir... voire même certains abîmes.

S

II

UN PROTÉGÉ D'ASPASIE.

ous le beau ciel d'Athènes et dans le siècle de Périclès, naquit une merveille, non comme beauté de corpulence, modèle de taille élancée et de ces formes divines qui ont pu faire trembler le pinceau dans la main d'Apelles et le ciseau dans celle de Phidias, mais sous le rapport de l'exiguïté, de la petitesse la plus *petite*. Ce nain des nains, c'est Philétas. Par une bizarrerie que la philosophie s'obstine à croire un secret de la nature, mais que

la science, qui explique tout, dit avoir découvert, il n'y eut que
Philétas, parmi quatre enfants, qui fut une véritable statuette ;
les autres étaient d'une fort belle stature. Philétas était regardé
par son père et sa mère, par son frère et ses deux sœurs, comme
un bijou, comme un vrai joyau. Il était si peu embarrassant,
que jamais quelqu'un de la famille ne sortait sans l'emmener ou
plutôt sans l'emporter ; et quand on le rencontrait dans les rues
d'Athènes, c'était à qui lui ferait les plus douces caresses. Du
reste, il les recevait avec cette grâce que rien ne remplace et
qui est si propre à en attirer de nouvelles. On assure même
qu'un jour le grave Socrate, promenant sa mélancolie et ses
sublimes réflexions dans Athènes, et se trouvant en face de Philétas (qu'il n'eût pas trouvé tout de suite si l'on se fût empressé
de le glisser dans les plis de son manteau), s'écria : « Mais que
vois-je ? En croirai-je mes yeux ? Quoi ! c'est un homme que
vous tenez là ? — C'est-à-dire un jeune garçon dans sa troisième olympiade, répondit la sœur. Mais depuis longtemps mon
frère ne grandit plus, » reprit-elle en lui donnant un baiser si
délicieux, qu'il aurait pu faire croire à Socrate qu'elle était la
mère de l'enfant chéri. Socrate, tout stupéfait de voir une créature aussi petite, aussi mignonne, ne se lassait pas de la regarder, et faisait une foule de réflexions sur cette singularité que nos savants expliquent si bien, et que lui s'expliquait si peu. Enfin, sortant de sa rêverie, il se mit à sourire
et à faire une caresse à Philétas, qui, toujours sensible à la
bonté, commençait déjà à se familiariser avec Socrate et à jouer

avec le manteau, voire même avec la barbe du philosophe.

Le sage rentra chez lui tout pensif, tout rêveur, tout préoc-
cupé de Philétas, et à tel point qu'il n'aperçut pas sa femme
qui se trouvait sur ses pas, et qu'il heurta assez violemment. Pour
s'excuser, il lui raconta ce qu'il venait de voir ; mais celle-ci,
d'humeur assez acariâtre, comme on sait, se recula de quelques pas, et lui dit avec ce ton revêche qui lui était familier,
comme on sait encore : « C'est fort heureux pour moi que je sois
un peu plus grosse que votre nain, car vous m'eussiez bien
certainement broyée sous vos pieds. » Socrate, sans s'é-
mouvoir, la regarda et se contenta de sourire, en se disposant à prendre le repas qu'elle lui avait préparé. De leur côté,
Philétas et sa sœur rentrèrent au sein de leur famille, où l'on

attendait le petit nain comme s'il eût été absent depuis quinze jours.

Si la taille de Philétas ne croissait pas, en revanche, sa gentillesse augmentait chaque jour. Il avait, comme tous les nains, une vivacité extraordinaire dans les mouvements et une extrême volubilité dans la parole.

Parmi les jeunes enfants du voisinage, c'était à qui se ferait introduire dans la maison du père de Philétas ; aussi il s'y faisait de délicieuses parties où tous les jouets d'enfants, ces trésors si précieux qu'imagina pour eux un grave philosophe disciple de Pythagore, étaient mis en mouvement. Au nombre des admis se trouvait un petit Grec nommé Phosly, à peu près de l'âge de Philétas, mais très-bien fait, d'une taille svelte, élancée, et d'une tournure si élégante, qu'il en avait un orgueil et une vanité peu ordinaires. Quand il se plaçait à côté de Philétas, il éprouvait une vive satisfaction en voyant qu'il lui allait tout au plus à la cuisse. « Oh ! se disait-il en lui-même, si je pouvais sortir seul avec Philétas dans Athènes, je le conduirais à la plus belle promenade ; je me placerais tout à côté de lui, et la petitesse de sa taille ferait encore ressortir la beauté de la mienne ! » Ce projet souriait tant au petit Phosly, qu'un jour il dit à Philétas : « Veux-tu venir tout seul avec moi dans une belle promenade ? nous ne serons pas longtemps et je te ramènerai ici. —Oh ! oui, je le veux bien, je le veux bien ! » s'écrie Philétas d'une voix argentine. Et voilà nos deux petits amis partis sans que les parents de Philétas s'en aperçussent.

Ils se rendent en effet à la plus belle promenade d'Athènes. Il faisait un temps charmant ; le soleil dorait de ses rayons la cime des arbres, et faisait régner sous leur feuillage une chaleur douce et bienfaisante. Philétas, accompagné de Phosly, oubliait pour quelques moments, dans ce délicieux endroit, la maison paternelle. Mais voilà qu'en un instant le temps change ; le ciel se couvre ; le vent siffle. Philétas et Phosly, comme tout le monde, se disposaient à rentrer ; mais le vent redouble, une tempête éclate ; et au détour d'une allée, le pauvre petit Philétas, soulevé de terre et emporté à une certaine hauteur, se heurte contre une branche de platane, et retombe, ayant une jambe cassée,

entre les bras d'une femme que tout le monde avait remarquée à cause de son élégante parure, de sa divine beauté et de la suite qui entourait sa personne. C'était la belle Aspasie, devenue l'épouse de Périclès, qui, affectionnant très-vivement cet élégant jardin, était venue y respirer, à l'ombre des plus beaux platanes, un air embaumé par les fleurs.

Le pauvre petit Philétas, qu'Aspasie tenait entre ses bras, jetait de petits cris plaintifs qui arrachaient de grosses larmes à Phosly. Aspasie, dont l'humanité égalait les charmes et les grâces, accompagnée de toute sa suite, se rendit sans aucun retard au palais de Périclès : une de ses femmes tenait Philétas dans les plis de ses vêtements, et s'efforçait de calmer ses douleurs par de douces et consolantes paroles.

Arrivée dans ses appartements, Aspasie fait demander en toute hâte Périclès, qui, quoique occupé des graves affaires de l'État, se rend auprès d'elle. Mais quelle fut sa surprise, en voyant ou plutôt en cherchant l'inaperçu Philétas. L'entendant crier, il demande ce qu'a ce pauvre petit nain. Aspasie lui raconte tout. « Vite, s'écria-t-il, qu'on fasse venir ici le plus célèbre médecin d'Athènes. » Aspasie elle-même désigne la personne de son palais qui va se rendre chez Hippocrate.

Au bout de peu de temps, le dieu, l'oracle de Cos est auprès du pauvre petit blessé, qu'Aspasie elle-même avait déposé sur les coussins les plus moelleux, recouverts des étoffes les plus précieuses et décorées de broderies du goût le plus parfait, le plus exquis.

A l'entrée d'Hippocrate, chacun lui livre passage, se range ensuite autour de lui, et le silence le plus complet règne.

« Où est donc la personne malade ? » s'écrie-t-il. Il n'avait pas aperçu Philétas, qu'un pan de riche étoffe recouvrait. Aspasie le lui fait voir. Rempli d'étonnement, il saisit avec une bonté touchante le poignet de Philétas, pour s'assurer de l'état du pouls. Aspasie, en peu de mots, lui raconta ce qui était arrivé à l'infortunée créature. Le dieu, l'oracle de Cos, l'homme qui «jura par Apollon de conserver sa vie pure et sainte aussi bien que son art, » déclare que Philétas a la jambe cassée, ajoutant aussitôt qu'avec de bons soins et le bon vouloir des dieux, il se rétablira dans l'espace d'environ quarante jours. Puis il pose lui-même l'appareil indispensable, et s'y prend avec tant de douceur, de délicatesse, de ménagements, que les douleurs que Philétas éprouve sont tolérables.

Aspasie supplia le bon Hippocrate de ne point abandonner celui qui lui inspirait un intérêt si vif par la charmante reconnaissance qu'il lui témoignait.

Hippocrate lui répondit que la vertu et l'humanité devaient être les deux premières règles de conduite du vrai médecin, et qu'y déroger, c'était mériter le courroux des dieux. Tout l'auditoire écoutait religieusement ; mais un Grec qui était là présent se prit à sourire, et, se penchant vers une oreille voisine, dit à voix demi-basse et en fronçant la lèvre : «Hein! je crains beaucoup pour certains Hippocrates futurs... » Ne soyons pas surpris du trait... c'était Aristophane qui se trouvait là en observateur.

Philétas, ainsi qu'on le pense bien, fut soigné comme un petit prince. Le breuvage ordonné par Hippocrate était édulcoré avec

le célèbre miel produit par les abeilles du mont Hymète. Aspasie elle-même veillait auprès de lui.

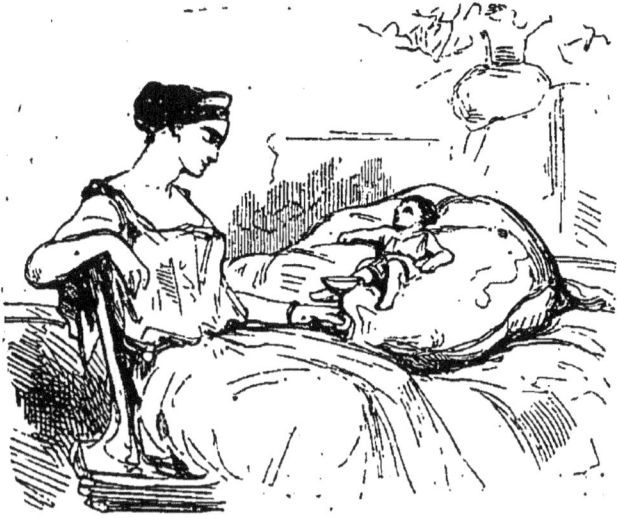

Mais qu'était devenu le pauvre Phosly? Hélas! il était allé
sans perdre une minute avertir la famille de Philétas du malheur qui était arrivé. Elle apprit facilement où leur cher Philétas
avait été conduit, et s'y rendit avec la promptitude d'un éclair.
En effet, on vint dire à la belle Aspasie qu'une famille entière
était aux portes du palais, et que c'était celle de Philétas. Elle
ordonna qu'on la fît entrer. Bientôt Philétas en fut entouré, et
reçut autant de baisers que de caresses.

Petit à petit le blessé alla mieux. Déjà même... avec l'assenti-
ment d'Hippocrate s'entend, Philétas commençait, soutenu par
Aspasie, à poser ses jambes à terre.

« Mais, s'écria Aspasie en le contemplant, il est si petit, si léger, qu'en vérité il peut à peine se maintenir en équilibre ! Que pourrait-on faire pour y remédier ? » Un personnage de la cour, assez plaisant de sa nature, répondit avec enthousiasme : « J'ai trouvé le moyen, moi... des semelles de plomb aux cothurnes... » Aspasie en parla à Hippocrate, qui, trouvant son blessé très-bien et le moyen très-drôle, se mit à sourire.

Aspasie, cette Ninon de Lenclos d'Athènes, s'intéressant toujours plus à Philétas, prit non-seulement la frêle créature sous sa protection, mais encore toute sa famille.

« Vous le voyez, s'écria le malicieux Aristophane qui se trouvait encore là, une bonne fortune peut quelquefois tenir à un coup de vent et à une jambe cassée. »

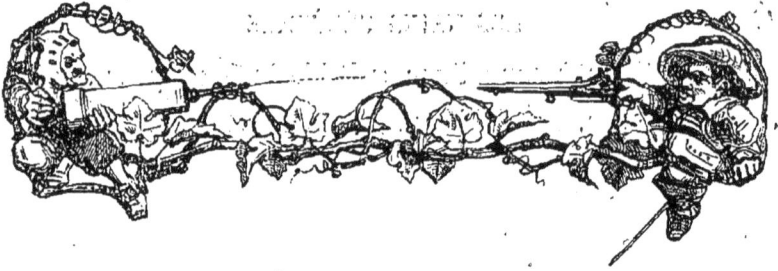

III

COMMENT UN GRAND, GROS ET SPIRITUEL ALLEMAND
FUT LESTEMENT DÉCONFIT PAR UN JEUNE ANGLAIS QUI LUI VENAIT
A MI-JAMBE.

Jeffery-Hudson, devenu, grâce à ses dix-sept pouces de hauteur, le petit favori de Henriette-Marie, femme de Charles Iᵉʳ d'Angleterre, effaçait depuis quelque temps, par son succès de vogue, les élégants seigneurs de la cour.

C'était la duchesse de Buckingham qui l'avait offert à la reine. Galamment revêtu du costume et des insignes de l'Amour,

11

il était sorti tout à coup d'une corbeille de fleurs pour présenter
à sa souveraine, en fléchissant le genou et avec un compliment

de circonstance, un très-petit bouquet de toutes petites fleurs
infiniment rares. Après quoi, s'armant rapidement d'une paire
de ciseaux, il avait coupé ses ailes, brisé une à une les flèches
de son carquois, et déposé le tout à ses pieds, appuyant ces
tendres démonstrations des regards les plus suppliants.

Cette présentation, bien qu'elle fût contraire aux lois de l'éti-
quette, avait à tel point charmé la reine, qu'elle admit sans
hésiter cet arrière-petit-cousin de Vénus au nombre de ses suivants.

La singularité du nouveau venu le mit aussitôt à la mode.
Chacun voulut le voir, le mesurer, le peser, l'embrasser; les
dames et les demoiselles surtout. Le jeune chevalier, qui n'était

point de ces gens maussades que tout contrarie, se laissait faire avec une grâce indicible. Dès lors, il prit même tant de goût à cette sorte de célébrité, qu'il rêvait sans cesse aux moyens de l'augmenter.

Il s'introduisit un jour dans les cuisines du palais, éteignit les fourneaux; et là, déguisé en diablotin, se campa traîtreuse-ment dans une vaste casserole, à la place d'un maître ragoût qui achevait de se perfectionner tout tranquillement, attendant ainsi que le Vatel du lieu se présentât pour voir de quel train allaient les choses... La chose, ou plutôt ledit Vatel arriva : sou-

levant d'une main le couvercle de la casserole, il allait déjà même, avec la majesté qui convient à ces sortes d'opérations,

plonger son doigt savant dans le fluide savoureux qu'il ne dou-
tait point de rencontrer, lorsque Jeffery le lui mordit jusqu'au
sang. Le vénérable cuisinier, qui n'avait jamais rien vu de pareil se passer dans le fond de ses casseroles, cria de façon à
bouleverser un empire, et recula de quatre pas.

Le nain, renforcé d'une seringue, profita du mouvement pour
surgir comme un éclair aux yeux du pauvre diable, qu'il apo-
stropha rudement dans une langue bizarre, incompréhensible ;
langue dans laquelle on ne pouvait vraiment démêler que les épi-
thètes de butor et d'empoisonneur, lesquelles par compensation
revenaient à satiété. ·

Après ce beau discours, et comme point d'exclamation, le
nain lui vida sur la tête sa machine hydraulique, puis disparut
avec la prestesse d'un Lucifer consommé, dans le temps que sa
victime faisait l'impossible pour échapper aux horreurs de ce
déluge improvisé.

Une autre fois, Jeffery apprit par hasard qu'un mari jaloux
se proposait de forcer une armoire, afin d'y chercher des preu-
ves contre la sagesse de sa digne moitié. Jeffery fut trouver la
dame, lui conta le fait, la suppliant de le cacher dans ce meuble. Il voulait s'y blottir un pistolet à la main et donner une leçon profitable au malencontreux époux. Jeffery, bien entendu,
répondait à la dame outragée de l'existence de son jaloux ; celle-ci
le laissa libre d'en disposer et ne voulut lui imposer aucune réserve à ce sujet. Le moment venu, Jeffery, affublé de la peau
d'un jeune ourson, servit au jaloux, en pleine face, deux souf-

flets de géant, lui tira son pistolet aux oreilles, sauta à terre, et dansa une sorte de sarabande autour de lui en poussant des cris sauvages, jusqu'à ce que le coupable, terrifié par cette apparition inexplicable, fût tombé sans connaissance.

Ce résultat obtenu, Jeffery s'éloigna, après avoir laissé dans les mains de notre homme une pancarte avec ces mots en gros caractères : Avis aux jaloux.

Le pauvre mari ne souffla mot de l'aventure, et crut, le reste de sa vie, qu'une puissance divine lui avait infligé ce terrible châtiment.

La reine, pour se divertir, le fit un jour combattre corps à corps avec un coq-dinde qui avait juste la taille et la pesanteur

du nain. Le coq disputa d'abord rudement le terrain ; mais la fortune le trahissant tout à coup, il tomba glorieusement, d'un coup de pied qui l'atteignit dans l'œil. Malgré sa valeur, le triste animal fut mis à la broche et mangé par son ennemi, à l'instar des peuplades de l'océan dit Pacifique ; nous ignorons si c'est à propos de cet usage.

Ce triomphe éclatant fut célébré par Davenant dans son poëme intitulé *la Jefféréide*.

Plus tard, Jeffery suivit Henriette-Marie, qui se vit contrainte, par la guerre civile, de chercher un refuge à la cour de France.

Mais, hélas ! le nain, jusqu'alors triomphant, devint là conti-nuellement en butte aux railleries d'un certain Croffts, seigneur allemand, lequel se divertissait fort de l'importance que se don-nait le mirmidon. Croffts, marchant derrière Jeffery, poussa la plaisanterie jusqu'à le saisir à l'improviste et le suspendre par la ceinture au plafond d'une grande salle par où les seigneurs

et les dames de la cour avaient coutume de passer. Puis, s'asseyant à quelque distance de lui, il commença de lui faire, d'un ton pénétré, une suite de remontrances amicales sur la vanité qu'il affichait en voulant ainsi servir de lustre à l'assemblée, vanité qui certainement lui ferait tort:

Le nain, furieux, écumait de rage, lorsque après une heure d'agonie on le décrocha, comme une pièce de boucherie, au milieu des folles reparties des courtisans que cette scène avait attirés.

Un duel, que le nain ne cessa de provoquer, s'ensuivit entre Jeffery et son mystificateur. Croffts, exact au rendez-vous, vint avec une seringue et des pois secs pour toute arme. Nouvelle exaspération du nain, qui, cette fois, força son adversaire à un combat sérieux, à cheval et au pistolet. Sur les instances de Croffts, l'affaire fut pourtant remise au lendemain.

Avant l'heure dite, Croffts fit apporter sur le terrain un télescope soutenu par trois pieds ; le télescope semblait se trouver là par hasard.

Jeffery parut, juché sur un cheval qu'on eût pu, en style d'Homère, appeler le coursier aux longues jambes. Croffts feignit de ne voir que le cheval, et demanda vivement aux témoins de Jeffery si cet embryon d'Anglais se moquait de le faire tant attendre.

Le nain rugit comme un chat qu'on vient de tracasser outre mesure.

« Ah ! ah ! vous êtes donc là, perdu dans les poils de votre monture, mon petit petit ! lui dit Croffts d'un air paterne. Bien ! bien ! recevez mes excuses. Seulement, faites-moi l'amitié de

vous installer en plein sur la tête de votre bucéphale ; que je
puisse au moins vous apercevoir, et ne pas le tuer à votre
place. Au reste, ajouta-t-il, j'ai là mon instrument. Mais veuillez
attendre que je donne le signal. »

Et, un pistolet à la main, il courut s'installer à l'orifice de son
télescope, braqué du côté du nain, et donna le signal convenu.

Jeffery, hors de lui par ce dernier outrage, fondit sur Croffts
et le tua roide d'un coup de pistolet.

L'issue de ce duel releva Jeffery dans l'esprit de ceux qui,
depuis ces aventures, le raillaient impitoyablement.

En récompense de l'énergie qu'il avait montrée, il fut, de retour en Angleterre, nommé capitaine dans les gardes du roi.
Son excès de vanité le rendit dès lors inabordable. Un homme
le choquait par-dessus tous les autres : c'était le gigantesque

portier du roi. Ce géant, qui avait près de sept pieds, ne pouvait s'empêcher de sourire d'un air de complaisance et de protection en le voyant passer, et paraissait ne pas comprendre qu'un si petit bonhomme pût exister et se mouvoir avec tant de vivacité ; ce brave Goliath n'était occupé que de résoudre ce problème, et naïvement consultait tout le monde sur ce sujet.

Jeffery, qui connaissait cette particularité, ne pouvait la lui pardonner ; il ne pouvait pas non plus lui chercher querelle pour s'en venger, sans se rendre ridicule.

Un jour, le tout petit capitaine vint à tomber en passant devant le curieux portier ; celui-ci, fort heureux de la circonstance, l'enlève entre deux doigts, comme on ferait d'un cheveu, et se met à l'examiner avec la plus grande attention. Jeffery, revenu de son étourdissement, rougit jusqu'à la ceinture, et, quoique suspendu, tira son épée avec fureur. A cette vue, le géant continuant de sourire avec mansuétude, vous le repose à terre fort religieusement, non que les démonstrations du nain lui eussent fait peur, mais par crainte de mécontenter une si frêle créature.

En 1638, on publia un petit livre intitulé *Le Présent de la
nouvelle-année*, offert par lady Perceval au lord Minimus (vulgairement appelé le petit Jeffery), serviteur de Sa Majesté la
reine; et écrit par Microphilus, avec un petit portrait de Jeffery
au frontispice.

Avant cette dernière époque, il avait été chargé d'aller en
France chercher une sage-femme pour la reine. A son retour
avec la sage-femme et le maître à danser de Sa Majesté, et avec
de riches présents que Marie de Médicis envoyait à Henriette-
Marie, sa fille, il fut pris d'abord par les Dunkerquois, puis

repris en mer par un pirate turc, qui le vendit en Barbarie. Il
revint à Londres après une courte captivité.

A la fin, prévenu de s'être mêlé au complot papiste, en 1682, il fut enfermé à Gate-House, où il mourut, âgé de soixante-treize ans.

Il était né à Oakam, dans le Rutlandshire, en 1619, et finit par atteindre dans sa vieillesse la taille de trois pieds neuf pouces anglais (3 pieds 6 pouces de France). Ce fut à l'âge de trente ans que ce phénomène d'accroissement tardif commença chez lui.

III

LES PETITS PRÉTENDUS.

a première femme de Joachim Fré-
déric, électeur de Brandebourg,
après s'être entourée d'une foule de
nains, s'était donné le plaisir de les
marier entre eux. On raconte que
Catherine de Médicis eut la même
fantaisie. Enfin l'on sait encore que
la princesse Nathalie, sœur unique
du czar Pierre, du côté maternel, eut, un jour d'ennui, la singulière idée de se composer une cour et même une sorte de

14

peuple qui serait sous sa juridiction particulière. Impatiente
comme une femme quand il s'agissait de contenter ses désirs,
elle résolut aussitôt de réunir et de marier ensemble les nains et
les naines éparpillés sur le territoire russe.

Ordre fut donc donné à tous les sujets du czar, sujets de la
petite espèce s'entend, de se rendre à Moscou avec le plus de
célérité possible... Comme dans ce charmant pays le knout est
spécialement chargé de précipiter l'exécution des ordres de
l'empereur, la chose fut bientôt faite, c'est-à-dire qu'une cen-
taine de nains, quelques jours après, se trouvaient côte à côte
dans le palais de la princesse Nathalie. La bienséance voulut
qu'on les logeât sans confusion des deux sexes, et qu'on les
avertit des intentions qu'on avait sur eux.

Ceci réglé, on manda les tailleurs et les couturières les plus
célèbres du temps, afin d'habiller tous ces petits êtres chacun
selon son goût.

Le jour fixé pour l'entrevue générale, la princesse Nathalie
fit préparer un splendide repas, puis un bal paré, afin de les
mettre ainsi à même de faire connaissance, et par conséquent de
faire un choix ; car l'excellente princesse avait à cœur leur satisfaction personnelle.

Nos petits prétendus se comportèrent à table avec beaucoup
de savoir-vivre, mangeant ferme, ne se lorgnant qu'entre les
plats, les uns sournoisement et à la dérobée, les autres franchement et comme de vrais triomphateurs.

On pense bien que ces petits messieurs firent merveille auprès

de ces petites dames, et qu'une fois au salon, chacun commença de faire sérieusement valoir ses avantages, mais non
comme cela se voit parmi les gens de taille ordinaire, qui, dans
ces cas-là, se travaillent pour dissimuler leurs imperfections. On
ne vit aucun d'eux se développer frauduleusement la poitrine,
s'étrécir la taille, emprunter des cheveux, se faire des coude-
pieds agréables, etc. Loin de là ; et comme les plus grotesques
étaient alors les plus recherchés par les hauts personnages, leur
coquetterie avait eu des tendances en harmonie avec la mode,
c'est-à-dire que tous ces petits personnages avaient exagéré le
ridicule de leurs contours.

Là se voyait un bossu qui avait mis une énorme rosette sur
le point culminant de sa gibbosité ; plus loin, une jeune fille ca-

gneuse, aux pieds courts, écrasés, se carrait en jupons courts...

Un jeune élégant favorisé d'un goître énorme, de quinze verrues autour du cou et d'oreilles éléphantines, avait rabattu le col de sa chemise autant que possible, après s'être fait préalablement arracher un regain de cheveux... Un autre, dont les bras étaient d'une longueur interminable, se baissait coquettement afin qu'ils pussent traîner à terre. Tous étaient dans cette voie... sauf une petite merveille qui, forcée d'être aussi belle, aussi gracieuse

qu'un ange, en avait pris bravement son parti. Cette pauvre enfant, qui était naturellement fort négligée des danseurs, s'était mise à les observer avec malice.

Le bal s'animait de toutes parts ; les confidences commençaient à être accueillies par des demi-sourires... les œillades meurtrières allaient bon train, et déjà même un couple de nains, prodigieusement heurté de lignes, s'entretenait, rétiré

mystérieusement entre les quatre pieds d'un fauteuil. Un
second couple de même étoffe, mais passionné pour la danse,

se livrait à des exercices chorégraphiques qui eussent fait
pâlir de jalousie nos sylphides d'Opéra... Leurs folles agita-
tions, qu'on pouvait facilement prendre pour quelque réminis-
cence du sabbat, n'offraient à l'œil qu'un tohu-bohu de monti-
cules et d'angles rentrants ; de temps en temps revenaient des
mesures tranquilles qu'ils historiaient de mille petites façons pro-
vocantes, lesquelles leur chatouillaient le cœur ostensiblement.

Le résultat de ces délirantes facéties fut que bien des cœurs
jusqu'alors engourdis palpitèrent d'ivresse, et que bien des cerveaux, plongés dans un demi-sommeil, virent passer comme en
apothéose leurs amants ou leurs amantes aux jambes torses,
aux pieds miraculeux, aux profils, aux dos fantastiques.

15

La seule petite merveille dont nous avons parlé rêva d'un beau page qui, de service dans ledit bal, ne l'avait point quittée des yeux.

Le lendemain du bal, la princesse Nathalie fit mettre en rang sur deux files ses convives de la veille, et somma les naines d'aller tendre franchement la main à leur vainqueur... Elles ne s'en firent pas autrement prier, et ce nouveau genre de fiançailles allait réussir à merveille, sans un petit lovelace tellement racorni qu'il ressemblait à une souche d'arbre, ou, mieux encore, à l'homme-racine cité par tant de poëtes dignes de foi, sur qui plusieurs jeunes filles avaient en même temps jeté les yeux... Six

d'entre elles le tiraillaient en tous sens, à seule fin de se l'adjuger. Force fut à la princesse d'y mettre ordre en en gratifiant la plus modeste des six prétendantes. Cette pauvre petite, rouge de bonheur et de confusion, l'emmena victorieusement, au grand désespoir des cinq autres, qui se tordirent les bras à cette vue.

Le beau page que la petite merveille n'avait point cessé de regarder avec tendresse pendant toute cette cérémonie, fit alors un tour de son métier, en allant se jeter aux pieds de la princesse Nathalie, pour la supplier, bien qu'il ne fût pas des concurrents, de la lui donner en mariage, faveur qu'il obtint et que la petite merveille ratifia du plus profond de son cœur. Il ne s'agissait plus que de leur donner pompeusement à tous la bénédiction nuptiale.

On les fit donc monter, quatre par quatre, dans vingt-cinq petits carrosses proportionnés à leur taille... Six petits chevaux, brillamment harnachés, étaient attelés à ces équipages en miniature.

Dans le premier de tous, on voyait le fiancé et la fiancée, accompagnés d'un garçon et d'une demoiselle d'honneur; un char découvert, qui précédait le cortége, était rempli de petits musi-

ciens qui soufflaient dans des hautbois, des trompettes et des olifans; Deux régiments de dragons escortaient cette singulière procession, afin de la protéger contre la foule qui s'était mise presque à genoux pour voir l'intérieur des équipages. Après la bénédiction nuptiale, que les époux reçurent en présence des personnages les plus éminents de la cour, il y eut un festin où les nains furent placés à deux longues petites tables, et un nouveau bal plus brillant que le premier, et qui dura toute la nuit.

Mais hélas! la postérité que la princesse Nathalie attendait impatiemment de ces couples nombreux fut nulle... Ces petits ménages eurent, à l'exemple de plus grands ménages, beaucoup de querelles, de coups distribués et rendus, de bouderies, de méchancetés gratuites, d'exigences sans fin, mais d'enfants, point. Le page charmant et la petite merveille avaient eu seuls des fruits de leur amour, un bel enfant qu'on appela Démosthènes, à cause de l'éloquence qu'il mettait à prononcer maman, nanan, papa, etc...

La princesse Nathalie fut donc contrainte de se passer du petit peuple qu'elle avait rêvé, ce qui lui prouva bien clairement qu'il ne suffit point d'être du sang royal pour commander à la nature.

IV

LES DEUX INFORTUNES.

eu de temps après le mariage de Louis XIII avec Anne d'Autriche, Marie de Médicis, errante en Europe, s'était réfugiée chez son gendre le roi d'Angleterre, puis enfin à Cologne. Là devait se terminer, en proie à la plus grande misère, l'existence de cette femme qui, fille du grand-duc de Toscane, François II, non-seulement partagea le trône avec Henri IV,

16

mais qui encore avait pour gendres les rois d'Angleterre, d'Espagne et de Savoie.

Marie de Médicis venait de congédier le dernier des serviteurs qui l'avaient suivie dans son exil, et vivait reléguée dans une triste mansarde, couchant sur un grabat, que l'on montre encore à Cologne.

La fidélité, l'affection que cette reine infortunée pouvait espérer de sa famille, ne s'étaient rencontrées que dans le cœur d'une créature souffreteuse, misérable dès sa naissance, chez un pauvre nain qu'elle avait adopté, alors que toute-puissante elle enrichissait Paris du palais du Luxembourg, du Cours-la-Reine, de deux hôpitaux pour les malades, des carmélites de la rue d'Enfer, qu'elle construisait l'aqueduc d'Arcueil et dotait Chaillot d'un hôpital pour les orphelins, etc. Ce pauvre nain, qu'aucune privation n'avait fait consentir à se séparer de sa bienfaitrice, eût remercié le ciel de pouvoir mourir pour elle, tandis que Richelieu, qui devait à Marie de Médicis d'être au pouvoir, ne cessait de s'opposer à ce qu'elle revînt en France.

Dans les jours où la reine disgraciée vendait à mesure le reste de ses bijoux pour subvenir à ses premiers besoins, son fidèle protégé, qui tenait à honneur de ne pas lui coûter une obole, avait, à force de dévouement, trouvé longtemps le secret de retarder la ruine complète dont elle était de plus en plus menacée.

Cumulant les emplois, les dignités, il déployait une activité et des forces incroyables pour conserver à travers une horrible pénurie ce qu'il pouvait du cérémonial d'autrefois. Personne

n'était admis en présence de la reine sans qu'elle l'eût permis,
ni sans avoir fait préalablement salle d'attente sur le palier.

Lorsque la nuit était
venue, le cher petit,
qui s'était fait comme
un nid à l'entrée de la
mansarde, s'assurait
du sommeil de sa maî-
tresse, puis sortait
avec de grandes pré-
cautions pour courir la
ville et mendier secrè-
tement à la sortie des
bals et des brasseries.
Il fournissait ainsi à
ses dépenses, parfois
même à celles de la reine, qui croyait encore vivre des restes
engloutis de son opulence.

Dévorée de chagrins, de misère et d'humiliations, Marie de
Médicis tomba dangereusement malade. Dès lors il fut presque
impossible au nain de la quitter pendant une minute. Dans cette
cruelle extrémité, il allait être contraint de lui avouer son manque de ressources; révélation terrible, qui porterait un coup
mortel à cette pauvre femme si lâchement abandonnée.

Quelque temps encore il essaya de tourner la position, en faisant sous différents prétextes de légers emprunts à ses fournis-

seurs; mais ceux-ci, que ces nouvelles manœuvres effarou-
chaient, commencèrent bientôt à le suspecter, et, par suite, à
lui refuser toute espèce de crédit.

L'état de Marie de Médicis s'aggravait de plus en plus; il
lui arrivait même de perdre tout sentiment pendant des heures
entières. C'était alors que le pauvre nain, au désespoir, la
regardait les yeux remplis de larmes et priait Dieu de la prendre en pitié... Un soir qu'elle venait ainsi de perdre connaissance, il en profita pour essayer de nouveau de la charité publique. Le jeune étudiant qu'il venait d'implorer lui avait donné

quelques pièces d'or, que
le pauvre petit, presque
fou de bonheur, s'em-
pressait de rapporter au
logis, lorsqu'il se sentit
prendre par le bras : c'é-
tait l'étudiant qui revenait
lui dire : « Si vous vouliez
me donner l'adresse de
votre mère (car le nain
l'avait imploré au nom
de sa mère malade), je
pourrais la soulager plus
efficacement à domicile.

— Je vous en prie, ne cherchez pas à nous connaître, dit le
nain, qui se serait laissé torturer plutôt que de dire qu'il ten-

dait la main pour la veuve d'Henri IV... — Mais, lui répliqua l'étudiant, doutes-tu, mon enfant (car on le prenait facilement pour tel), d'un brave garçon qui veut te rendre service ainsi qu'à ta pauvre mère? — Ce que vous demandez est impossible. — Alors va-t'en seul, puisque tu le désires si ardemment. » Et l'étudiant feignit de retourner sur ses pas. Le nain partit cette fois de toute la vivacité de ses petites jambes... Il se retourna pourtant et vit alors que l'étudiant le suivait à distance et persistait, sans nul doute, dans la résolution de l'accompagner jusque chez lui... Alors le pauvre petit, toujours animé du désir de sauver l'honneur de sa royale maîtresse, serra bien soigneusement dans son mince vêtement les pièces d'or qu'il venait de recevoir, doubla le pas pour gagner les bords du Rhin, et se jeta courageusement dans la profondeur de ses eaux rapides... Il atteignit, après de grands efforts et tout en nageant entre deux eaux, pour plus de mystère, le derrière d'un bateau et y resta caché... L'étudiant pendant cette scène s'était éloigné,

sans trop concevoir la disparition du nain... Celui-ci, transi moitié

17

de froid, moitié de peur, grimpa dans une légère embarcation
qui était non loin de là, retenue par une amarre, et tant bien
que mal manœuvra jusqu'à terre. Ruisselant encore l'eau,
il venait de rentrer doucement dans sa mansarde, tenant
la main sur son trésor, lorsqu'il vit, près du grabat où Marie
de Médicis était mourante, les envoyés de Richelieu. Le cardinal avait appris par ses espions que la reine mère était mor-
tellement frappée, et, sous couleur de lui ménager une ren-
trée en grâce près de Louis XIII, lui faisait préalablement
demander des gages d'un pardon général. Marie de Médicis,
qui depuis longtemps savait son cardinal, se retourna dé-
daigneusement dans son lit aux premières ouvertures qui lui
furent faites à ce sujet. Néanmoins, Richelieu lui fit rendre
après qu'elle fut morte, le 3 juillet 1642, dans la maison Lam-

bert, où naquit Rubens, des honneurs extraordinaires, dignes d'une reine. Louis XIII, que la mort de sa mère avait, dit-on, douloureusement impressionné, ordonna que les dépouilles mortelles de Marie de Médicis prissent leur rang parmi les tombes royales de Saint-Denis ; ses entrailles seules furent inhumées dans la plus ancienne église de Cologne, Notre-Dame du Capitole.

Après la mort de sa maîtresse, le nain, à qui personne n'avait pris garde, s'éloigna silencieusement, et sans jamais donner de ses nouvelles, des lieux qui avaient été témoins de son dévouement sublime.

Sa mission terminée, le pauvre petit, souffrant, délaissé, était probablement allé mourir dans un coin ; un passant peut-être lui avait rendu les derniers devoirs, le faisant ainsi tout à fait disparaître de ce monde, à qui l'on raconte bien haut l'histoire des grands criminels, mais à qui l'on ne laisse que trop ignorer les actions touchantes qui sont pourtant ses seuls titres d'honneur.

V

LE CAMP. — LES DEUX COUSINS. — LE TOURNOI. — NAIN ET BOSSUE.

'empereur Charles - Quint, grand homme à plus d'un titre, a, comme tant d'autres têtes couronnées, sacrifié à l'usage de son temps. Il eut son nain. Corneille de Li-thuanie, Polonais de nais-sance, ainsi que l'annonce l'addition faite à son nom, était donc attaché à sa cour, et y jouissait non-seulement d'une cer-taine considération, mais encore d'un certain crédit auprès de

Sa Majesté l'empereur. Plus d'une fois son appui fut réclamé, et, selon qu'il accueillait ou non telle ou telle sollicitation, elle échouait ou était couronnée de succès. Il n'était pas jusqu'aux seigneurs et même aux grandes dames de la maison de l'empereur, qui tenaient à ne pas se mettre à dos le petit individu qui marchait aux côtés de Charles-Quint avec autant d'aisance et d'aplomb que s'il eût eu sa taille, son titre, et, comme lui, un empire à gouverner ! On conçoit qu'émerveillé de sa position, notre nain tendît le jarret, portât la tête haute et s'estimât heureux d'être au monde. Mais c'était peu ; d'autres gloires lui étaient encore réservées.

En 1535, Charles-Quint entreprit une seconde expédition contre Barberousse II, si connu par ses nombreuses pirateries sur la

Méditerranée, lequel avait alors la souveraineté d'Alger, et à qui le plus célèbre des empereurs othomans, Soliman II, avait confié le commandement général de la marine turque. Barberousse exerça ses ravages sur les côtes d'Italie, jeta l'épouvante jusque dans Rome, puis, revenant sur les côtes de Barbarie, s'y empara de Biserte et de Tunis, qui devinrent le partage de Soliman.

Mais Charles-Quint avait mis sur pied une formidable armée pour combattre Barberousse. Il la commandait en personne, et fut secondé, dans cette mémorable entreprise, par l'amiral Doria. Poursuivis à outrance, Barberousse et les siens furent réduits à fuir et à laisser Charles-Quint régner en vainqueur.

Eh bien ! pendant toute cette campagne, Corneille de Lithuanie ne quitta pas le corps d'armée commandé par l'empereur. C'était un vrai démon ; tantôt à pied, tantôt à cheval, on ne voyait que lui dans toutes les parties de l'armée : là où il y avait du danger on était sûr de l'y trouver.

Possesseur d'un sabre que lui avait donné l'empereur, et qui dépassait considérablement sa taille, il le maniait avec une certaine vigueur. Un jour, il fut, à sa demande, placé en sentinelle avancée. Plein de confiance en lui, et fier comme un Alexandre, il se faisait illusion et croyait être d'une taille ordinaire. Un Turc, croyant qu'il n'y avait là qu'un cheval seulement, s'approche et fond sur lui. Le combat s'engage. Corneille, par une habile manœuvre qu'il fait faire à son cheval, prend son ennemi en flanc et le perce de part en part. On croit peut-être qu'au pas de course il va aller proclamer sa victoire ; eh bien ! pas du tout : il reste à son poste, dans l'espoir qu'une seconde affaire lui arrivera. Quand on vient le relever et qu'on lui demande ce qui s'est passé, il dit en montrant le Turc gisant à ses pieds : « Il m'a attaqué, je l'ai tué, et d'un seul coup encore ! »

Un Achille de vingt coudées n'eût pas pris, en ce moment, une attitude plus martiale, plus guerrière que notre héros. Mais, comme on va le voir, il avait plus d'un genre.

Corneille de Lithuanie avait obtenu de l'empereur de se revêtir tour à tour de tous les uniformes qui existaient dans l'armée. Aussi, un jour on le voyait au milieu de tel régiment, avec l'uniforme de ce régiment, et dire aux soldats : « Aujourd'hui, les amis, je suis des vôtres ! Nous allons taper dur, n'est-ce pas ?

Ah! les coquins de Turcs, j'en ai une fameuse faim! » Puis,
s'adressant à un coureur
de l'empereur : « Savez-
vous bien que vous êtes
furieusement bel hom-
me! que vos jambés
sont, ma foi, d'une fort
belle dimension ! que
tout votre individu, en
un mot... Ah! la belle
canne que vous avez
là!... » Et sur ce, il
s'empare de la canne du
coureur et fait des mar-
ches et contremarches, accompagnées de toutes les charges
obligées.

Né avec un heureux caractère, toujours plaisant, toujours
gai, et l'enfant gâté de tous les soldats, Corneille de Lithuanie
ne passait jamais un jour sans les distraire, au point de leur
faire oublier jusqu'aux fatigues et aux privations les plus grandes. C'était surtout lorsque le nain savait de l'empereur lui-
même qu'une bataille devait être livrée qu'il prenait à cœur
d'entretenir dans l'armée cette gaieté qui fait oublier le danger au soldat et l'aveugle sur l'incertitude de son existence.
« — Tiens, tiens, voilà la gentille Marinetta, notre canti-
nière. Voyons, voyons, combien as-tu de grandes victoires,

19

ma toute belle, dans ton petit tonneau? — Autant qu'il en faut
à l'empereur pour retourner vainqueur à Madrid. — Très-bien
dit, repartit le nain; tu as de l'esprit, luronne, et si la source
de la victoire est dans ton tonneau, eh bien! morbleu, tourne le
robinet, afin que nous en jugions... Voyons, mettons-nous à
notre aise... Est-ce qu'il n'y a pas ici un coussin, un édredon? »
Et en un clin d'œil il se blottit sur une pièce de canon qui se
trouvait là près de lui. D'une main il s'empare de la mèche tout
allumée, et de l'autre il tend son verre; puis, il dit : « A la
santé de l'empereur notre maître!... voilà pour nous tenir en
joie, et (en montrant la pièce de canon avec la mèche qu'il
tient à la main) voilà pour le faire savoir à messieurs les
Turcs. »

Mais on bat aux champs; des officiers généraux circulent de toutes parts; chacun se dit que l'empereur vient de sortir de sa
tente, qu'il est à cheval, qu'il
parcourt les rangs de l'armée.
Corneille de Lithuanie cherche
son Bucéphale des yeux; un
vieux soldat castillan le lui amène,
se baisse pour prendre le nain
dans ses bras et le placer sur sa
monture; mais celui-ci saisit vigoureusement sa longue barbe, et
crie : « — Me tenez-vous bien? — Certainement que je vous
tiens bien; mais vous, lâchez-moi donc! lâchez-moi donc! —

Ah! pardon, mille pardons, mon brave, je croyais tenir la crinière de mon andaloux. » Et en disant ces mots, il se met en selle.

Notre nain pique des deux, et le voilà près de l'empereur, qui lui sourit en annonçant à son entourage qu'il y aura bataille demain, et qu'il compte sur une affaire décisive. L'empereur rentre dans sa tente, et Corneille de Lithuanie est un de ceux qui en gardent la porte principale d'entrée, l'arme au poing.

Telle a été Corneille de Lithuanie dans cette guerre contre Barberousse, guerre dont il conserva un très-vif souvenir et qui, comme nous le verrons bientôt, lui suscita quelques jaloux, à cause de la liberté que lui donnait l'empereur au sein même de l'armée, et de la familiarité qu'il lui permettait de prendre avec lui.

Vers 1545, époque à laquelle les Pays-Bas étaient sous la domination de Charles-Quint, la ville de Bruxelles, à l'occasion de la paix de l'Espagne avec la France, et peut-être plus encore à l'occasion de nouvelles guerres que l'empereur allait entreprendre, décida qu'elle offrirait un superbe et splendide tournoi à Sa Majesté.

Charles-Quint en fit part à toute sa cour, et dans ce temps, où l'illustre, le célèbre Cervantes n'avait pas encore, par l'apparition de son immortel *Don Quichotte*, porté le coup de la mort à la chevalerie, cette nouvelle fut accueillie avec joie et acclamation. Les chevaliers apprêtaient leurs armures, et les dames leurs plus brillantes toilettes. Écuyers et suivantes n'obtenaient point

de répit. Enfin, on ne parlait plus dans toute la capitale des
Espagnes que du tournoi de Bruxelles ; déjà même on désignait
les vainqueurs. Heureux temps que celui-là ! Mais que dis-je ?
n'avons-nous pas dans nos temps modernes, en commémora-
tion des grands événements, pour faire compensation et atténuer
nos regrets, les concerts et la comédie en plein vent, les illumi-
nations et les feux d'artifice ?

Après avoir donné ses ordres et indication du jour où le tournoi devait avoir lieu, Charles–Quint fait ses dispositions et part
en compagnie de plusieurs seigneurs de sa cour. A leur grande
surprise, les chevaliers apprennent que Corneille de Lithuanie
fait partie de la suite de l'empereur. Charles-Quint profita de ce
qu'il se rendait dans les Pays-Bas pour traverser la France et
faire une pause à Paris auprès de François Ier et de la reine, sa
sœur, séjour mémorable où la générosité de François Ier envers
son rival, dont il eût pu s'emparer, est honorablement citée dans
notre histoire. La bonne Éléonore tremblait pour son frère ;
mais quand elle apprit que Corneille de Lithuanie l'accompagnait, elle conçut l'idée de le mettre en rapport avec Grandjean (ainsi nommé par opposition à l'exiguïté de sa taille), nain
de François Ier, et d'obtenir de Corneille de Lithuanie, en récompense du bon accueil qu'elle lui ferait, de lui rapporter
confidentiellement ce qu'il aurait pu obtenir de Grandjean, qui
était plus que discret avec elle, par l'ordre même de son maître. Aussi fit-elle traiter nos deux grands personnages avec une
distinction toute particulière. Ils avaient chaque jour une table

splendidement servie, et rien n'était plus plaisant que ces deux singes ou magots en face l'un de l'autre, se pavanant et parlant

des affaires de l'État, comme si le sort de la république eût dépendu d'eux. Ils avaient entendu leurs rois s'appeler *cousins*, et ils ne s'appelaient jamais autrement : « Mon cousin Grandjean, aimez-vous le Xérès, une des gloires gastronomiques de l'Espagne? — Comment, si je l'aime, mon cousin; mais autant que je vous suis attaché, et ce n'est pas peu dire. — Bon! justement, en voici, repartit Corneille de Lithuanie, et du fameux... il vient des caves de l'empereur mon maître. » Et sur ce, il en verse à Grandjean ainsi qu'à lui-même, et dit : « A votre santé, mon cousin de France! — A la vôtre, mon cousin des Espagnes. — Ah çà, dites-moi, causons un peu : où en sont nos affaires? voyons, votre maître boude-t-il toujours le mien?... Est-ce que, par hasard, il profiterait de notre séjour ici pour... Un petit coup de Xérès, hein! ça ne fait pas de mal.

20

— Mais, mon cousin, dit Grandjean en reposant son verre, mon maître est chevalier et ne frappe jamais son ennemi quand il dort. — Et le mien aussi est chevalier, je l'espère. » A ce mot, Grandjean part d'un éclat de rire : « Tenez, je vois que vous avez peur d'être mon prisonnier. — Ah ! ça ne m'arrangerait pas du tout, moi, qui dois, par ordre du roi, figurer dans le tournoi que les Bruxellois vont donner à mon maître. Grandjean, mon cousin, votre dernier mot là-dessus. — Mais si pour mon dernier mot j'allais être pendu ? C'est que, voyez-vous, les secrets d'État... — Eh bien ! entre nous, parbleu !... — Mais vous serez discret ?... Songez que... Eh bien ! pendant que j'étais, l'autre jour, dans la chambre du conseil, j'entendis le roi mon maître s'écrier : « Je ne veux ni lui faire de mal ni en faire mon prisonnier, à titre de représailles ; seulement je veux qu'il l'ignore, afin que, pendant son séjour en France, il ait des inquiétudes jusqu'au moment où il franchira la frontière ; mais, messieurs, dit le roi à ses conseillers, le silence le plus complet. »

En ce moment entre la reine, à la grande surprise de Grandjean. Tous deux se lèvent et la saluent avec un respect profond. La reine, sur-le-champ, jette les yeux sur la table, et voit que le couteau dont Corneille de Lithuanie s'était servi, couteau richement travaillé et dont elle lui avait fait présent à son arrivée, était remis dans sa gaîne : c'était le signe convenu pour lui faire savoir que son frère n'avait rien à craindre. La reine sourit gracieusement, et Corneille de Lithuanie, qui la comprend très-bien, s'incline de nouveau et la reconduit jusqu'à la porte.

Charles-Quint fut-il instruit de ce secret par sa sœur et par son nain? L'histoire sur ce point est muette; mais nous, qui.penchons pour le vraisemblable, nous sommes pour l'affirmative.

Pendant ce séjour de Charles-Quint à la cour de France toute la ville de Bruxelles était en émoi. Les préparatifs du tournoi avaient mis sur pied les premières autorités : tous, bourgmestres, échevins, allaient, venaient, donnaient des ordres à chaque instant. Depuis longtemps on n'avait vu une pareille activité. La plus petite bourgeoise négligeait les propres affaires de sa maison pour parler *tournois*, et, chose extraordinaire, les maris partageant cet enthousiasme, bien loin de les blâmer, approuvaient leurs ménagères de tout sacrifier à l'auguste fête qui se préparait. Eh ! mon Dieu ! de quoi n'est pas capable l'enthousiasme quand une fois il a pris son essor? C'est la locomotive qui entraîne tout ce qui est à sa remorque.

Enfin, Charles-Quint, qui avait fait ses préparatifs de départ, n'est plus qu'à une petite distance de Bruxelles. On l'apprend ; soudain une députation des autorités va au-devant de lui. Bientôt il entre avec un certain appareil de grandeur ; puis il est conduit au palais qu'il doit occuper. On prend ses ordres ; le tournoi est annoncé solennellement et dans les termes les plus fastueux. Le lendemain, tous les écus armoriés des chevaliers qui doivent entrer dans les lices du tournoi sont, ainsi que le prescrivent les lois de la chevalerie, étalés le long des cloîtres

du plus antique monastère de la ville ; ils y restent expo-
sés plusieurs jours. Un héraut d'armes, préposé à leur garde,
désigne nominalement aux seigneurs, dames et demoiselles qui arrivent en foule, ceux à qui ils appartiennent. Chaque écu a sa devise.
Celui de Corneille de Lithuanie, qui se dis-tinguait des autres par
de chevaleresques or-nements que Charles-Quint y avait fait pein-dre,
portait celle-ci en lettres d'or gothiques :
« Dévouement à mon maistre, honneur avx dasmes, devx choses
tombées dv ciel dans le cueur d'vn chevalier. » La foule y sta-
tionnait, et quand le héraut d'armes nommait Corneille de Lithuanie, chacun se regardait, se disant : « — Mais est-ce le
nain de l'empereur Charles-Quint ? — Oui, » répondait le héraut d'armes. Et chacun se témoignait sa surprise, faisait
mille et mille conjectures, à tel point que toute la ville aurait
voulu être présente au tournoi, tant la curiosité était excitée.
Mais comme cela était impossible, les habitants manifestaient
leur joie en pavoisant leurs fenêtres de rubans de toutes les

couleurs; plusieurs même y joignaient de galantes devises en faveur des chevaliers, devises où la flatterie jouait son rôle, car, née le même jour que l'homme, où ne la retrouve-t-on pas? Au milieu de cette allégresse, de ces maisons enrubannées, Corneille de Lithuanie parcourait Bruxelles sur un jeune cheval andaloux que le roi avait fait venir exprès pour lui. C'était la veille du jour où le tournoi devait définitivement être donné : on conçoit aisément la physionomie toute féerique que devait avoir la ville.

Enfin, ce grand jour arrive. L'empereur, en grande pompe, se rend au tournoi. A son entrée, une musique guerrière, et dont l'harmonie parfois semble descendre du ciel, anime les chevaliers ; et leurs nobles coursiers, que le frein peut à peine contenir, bondissent d'impatience. Mais le signal est donné ; il part du magnifique pavillon qu'occupe l'empereur. Corneille de Lithuanie entre en lice avec un des plus vaillants chevaliers des Espagnes. Quatre fois de suite ils se disputent la priorité; mais l'empereur, voyant en eux une adresse et une force égales, fait comprendre d'un signe qu'il est satisfait et qu'il désire que l'assaut se termine là. Des applaudissements prolongés éclatent de toutes parts. Nombre d'autres chevaliers entrent en lice à leur tour et font preuve d'une adresse et d'une vaillance qui fixent l'attention de Charles-Quint. Corneille de Lithuanie reparaît encore, mais sur un coursier différent. Toute l'assemblée a les yeux sur lui. Cette fois, il est proclamé vainqueur. Après maints et maints assauts plus remarquables les uns que les au-

tres, les chevaliers sont conduits en grande cerémonie dans le
lieu où l'on avait préparé le plus splendide, le plus somptueux

des festins. C'est là qu'après nombre de rasades, l'empereur,
qui présidait ce banquet, fait nommer, par un héraut d'armes
placé à ses côtés, ceux des chevaliers qui avaient mérité des
récompenses. Corneille de Lithuanie, comme l'histoire nous
l'apprend, obtint « le second prix pour avoir été le premier sur
les rangs et le plus galant. »

Ainsi se termina ce tournoi, aussi brillant, aussi nombreux
que ceux donnés au douzième siècle en Provence, ce berceau
des troubadours, où l'on ne comptait pas moins de dix mille
chevaliers, et où la noblesse, le comté de Toulouse, par exemple, semait l'or à pleines mains.

Nous avons dit que la position de Corneille de Lithuanie auprès de Charles-Quint lui faisait des jaloux. En effet, de retour
à Madrid, plusieurs seigneurs de la cour cherchèrent à le discré-
diter; mais il se vengea exemplairement de l'un d'eux en le rendant l'objet de la risée publique.

Ce seigneur, nommé don Alvar, était éperdument épris d'une
jeune et jolie Espagnole, nommée dona Isabelle, qui avait pour
amie Dinarda, petite femme disgraciée par la nature, contrefaite, qui, en un mot, était bossue, mais pleine de ruse, de malice, d'espiéglerie.

Dona Isabelle n'aimait pas don Alvar ; mais celui-ci ne dés-
espérant pas de fléchir son cœur, ses instances devinrent
de plus en plus pressantes. Dona Isabelle en était fatiguée ; elle
s'en expliqua devant son amie. Corneille de Lithuanie connaissait Dinarda, qui le mit au courant de l'éloignement d'Isabelle
pour don Alvar. Un complot fut ourdi sur-le-champ entre eux
deux. « Mon amie, dit-elle au nain, ne peut souffrir don Alvar ; elle en aime un autre. Je pourrais me dispenser de vous
le dire ; mais je sais tout et ne suis pas fâchée de vous l'apprendre. Mon amie va ce soir au bal ; je ne l'accompagnerai
pas. Don Alvar, comme à l'ordinaire, lui donnera aujourd'hui

une langoureuse sérénade sous ses croisées. Eh bien ! vous
viendrez ce soir, et, la jalousie baissée, vous vous tiendrez debout devant l'une des croisées. Je serai à côté de vous. Au plus
beau moment de sa passion, c'est-à-dire quand il se mettra à
genoux, je lèverai avec précipitation la jalousie, je poserai de
chaque côté de la croisée une lumière, afin qu'il nous distingue
bien tous deux. Vous comprenez, dit-elle en riant comme une
folle, la belle figure qu'il fera en voyant une bossue et un nain,
au lieu de la dame de ses pensées. » La proposition fut acceptée et reçut son exécution.

Don Alvar fut pendant plus d'un mois la fable de tout Madrid, et toutes les fois que Dinara voyait Corneille de Lithuanie,
elle ne manquait jamais de lui dire : « Convenez que si je n'ai
rien de ce qu'il faut pour rendre un seigneur amoureux, je
puis au moins, avec votre aide, bien entendu, les mystifier,
quand ils veulent se faire aimer de vive force ; ce qui n'a jamais
été possible, ne l'est pas et ne le sera jamais. Ainsi le veulent
Dieu, les femmes... et peut-être le diable aussi. »

VI

CE QUI PROUVE QUE BEAUCOUP DE FATUITÉ
NE SUFFIT PAS POUR EMPORTER D'ASSAUT LE COEUR
D'UNE JOLIE FILLE.

n 1592, on présenta au duc de Parme, qui était alors dans les Flandres, un petit homme de trois pieds de taille bien comptés, et avantagé, ma foi, d'une barbe qui flottait gaillardement sur ses bottes.

Sa marche était facile; cependant il fallait le porter pour qu'il pùt gravir les escaliers.

22

Ce petit gentilhomme se nommait Jean d'Étrix de Mechlin. Tout jeune encore, il parlait trois langues, avait beaucoup d'esprit, et était, en même temps que bon ventriloque, un savant et déterminé joueur de trictrac.

Remarquable par une foule d' ... ations, il disait subjuguer une femme du premier ... eil. Sa fortune lui avait permis de se donner toutes les grâces d'un jeune homme accompli. Il avait les façons gentilles qui décèlent les gens de

bonne compagnie : suivant la mode, la donnant au besoin, sachant rouler les yeux avec quelque teinte de sentiment; excellant à se caresser la barbe sans avoir l'air d'y songer, et surtout à se hancher à propos, ce qui n'est point à dédaigner dans les grandes occasions.

On suppose qu'avec de si magnifiques avantages notre héros s'était ouvert bien des portes, pour ne pas dire bien des cœurs. Une jeune fille pourtant, à l'époque dont nous parlons, le tenait complétement en échec. Il faut mentionner qu'il avait cette fois un rival redoutable en la personne d'un jeune officier du duc de Parme. Cet ardent militaire possédait, en outre d'une taille avantageuse, un profil martial, des manières parfaites et de l'esprit, mais de l'esprit à faire pâmer d'aise le plus mélancolique. Aussi le petit fat d'Étrix était-il de plus en plus contrarié dans ses projets de conquête. Point de lutte, de rencontre, où ce dernier ne perdît quelques pouces de terrain. Ces deux rivaux se faisaient une guerre qui dégénérait en pure bouffonnerie. Aucun d'eux ne s'était franchement ouvert à l'autre sur ses intentions; leur rivalité, quoique ostensible, n'était donc point une chose qu'ils s'avouassent. De là nombre d'attaques qu'il fallait de force attribuer au hasard, et qui n'en étaient pas moins souvent très-perfides. Le jeune officier ne s'en prenait jamais qu'à l'exiguïté du nain; son but principal était de le nier physiquement, de l'escamoter, juste quand celui-ci, dans une occasion d'importance, se disposait à se mettre en relief. Se trouvaient-ils tous les deux, et cela arrivait communément, sur le passage de la jeune fille qui leur tenait au cœur, vite le jeune officier jouait au nain quelque tour de sa façon, comme de le couvrir entièrement d'un pan de son manteau, de l'enjamber ainsi qu'on le ferait d'un enfant en bourrelet, de le prendre dans ses bras pour lui faire traverser le plus imperceptible ruisseau, etc. Étrix se pavanait une fois avec un immense orgueil sous le balcon de la belle Ketty (c'était le nom de leur préférée), ne finissant plus de prendre des airs langoureux, de multiplier les regards et les poses, le tout comme un vrai brûle-cœur, quand son rival, qui, planté en observation, s'en réjouissait à quelque distance, eut l'infernale idée de l'arracher violemment à cette sorte de béatitude. Une futaille défoncée entre les mains, il s'approcha sur la pointe des pieds du nain, qui était trop absorbé pour le voir, et l'en coiffa prestement. La futaille, apparemment trop large pour sa tête, envahit tellement son petit personnage, que l'on n'en vit plus rien de rien, comme disent les bonnes gens. Cette opération terminée, le victorieux officier prit place sur le tonneau et fit de ce joyeux piédestal mille gracieusetés à la belle Ketty, qui se mourait de rire pendant que le pauvre Étrix suppliait le Dieu de ses pères de le tirer incontinent de cette prison ambulante. Après quelques minutes de cette comédie, notre officier gagna le large sans que le nain eût pu seulement l'apercevoir. On juge bien qu'un amoureux, traité publiquement de la sorte, dut descendre des trois quarts dans l'esprit de sa belle.

« Par les broches de Satan ! dit Étrix, je me vengerai de ce butor d'officier, qui, bien certainement, m'a joué ce tour de paillasse. » Et ce disant, le pauvre diable jetait un regard sur son habit de velours, festonné généralement de lie de vin.

L'événement que nous venons de relater datait de quelques jours, lorsque le nain, qu'aucun philosophe n'eût pu consoler de sa mésaventure, découvrit que l'adorable Ketty venait d'accorder un rendez-vous au galant officier. Inventer quelque stratagème pour empêcher, ou seulement traverser par un incident fâcheux, le bonheur des deux amants, fut l'affaire d'une minute pour sa brillante imaginative. A la faveur des ombres de la nuit, poétiquement parlant, Ketty, mise avec l'élégante recherche d'une femme qui n'ignore point la valeur d'un ruban bien ajusté, d'une gaze sagement indiscrète, se glissait légèrement dans les jardins de la résidence ducale ; elle devait encore traverser une salle basse entièrement obscure pour arriver à certain pavillon isolé dans lequel l'attendait celui qu'elle favorisait

23

du plus tendre amour ; elle y entrait à peine, qu'elle vit, avec un terrible effroi, se dessiner en traits de feu sur les murs des myriades de figures fantastiques, qui paraissaient se tenir sur la porte à seule fin de lui barrer le chemin. C'était Étrix qui, à l'aide d'un morceau de phosphore, avait rapidement broché ce petit chef-d'œuvre flamboyant. Il espérait, avec raison, que la jeune fille, ignorante des lois de la physique, s'enfuirait plus vite qu'une gazelle, à la vue de cette épouvantable légion de lutins, et que son rival en serait nécessairement pour ses frais d'attente prolongée. L'affaire en était là, quand Cupido, peu ja-

loux qu'un magot pareil vint s'opposer à ses desseins, aiguillonna notre officier de telle sorte qu'il le força d'accourir au-devant de Ketty ; la pauvre enfant était presque mourante de frayeur. Bientôt remise, elle suivit l'officier au milieu des lutins encore fumants, dont il lui donna même l'explication, explication qu'à vrai dire il ne comprenait guère... mais là n'était point son ambition.

Étrix, caché dans un coin, fit la plus laide grimace à ce dénoûment ;... mais, soudain dans ses résolutions, il se rabattit aussitôt sur son talent de ventriloque et imita d'abord un bruit de voix confuses... L'une d'elles, qui semblait se rapprocher de plus en plus, devait faire croire qu'une conspiration fortement organisée éclatait en ce moment, et que son premier acte serait de s'emparer du régiment que notre officier commandait. On s'entretenait en outre du signal convenu, c'est-à-dire des figures brillantes dessinées sur les murs de la salle basse que nos amoureux venaient de traverser... Cette fourberie fit sur nos amants, qui avaient prêté l'oreille à ce bruit, tout l'effet que le nain en pouvait attendre... Ketty, de plus en plus tremblante, serrait le bras de l'officier, dont la frayeur était grande,... car peut-être lui serait-il impossible d'arrêter ce mouvement.... Néanmoins le devoir l'emporta sur l'amour, et Ketty, qui par sa présence eût pu tout compromettre, dut, malgré ses instances, attendre, enfermée seule dans le pavillon, l'issue de ce terrible événement.

Quant à notre officier, il s'en revint par mille détours, et rampant à la manière des Indiens, pour défendre son poste, qu'il trouva parfaitement tranquille... Ce fut en vain qu'il se mit aux écoutes... Il n'entendit que le qui-vive des gardes et le pas régulier des rondes de nuit. Décidément il était dupe d'une mystification... Étrix, qu'il se rappelait maintenant comme bon ventriloque, était, à n'en plus douter, le seul auteur des voix qui l'avaient épouvanté. Il retourna donc sur ses pas pour voir si son rival n'entreprenait rien de nouveau contre son amour... Il put bientôt le surprendre cherchant à pénétrer dans la retraite de Ketty... «Diable d'Étrix!... se dit-il, ne pouvant néanmoins s'empêcher de sourire des idées folles que le nain réveillait en lui; le gaillard prend sa revanche... mais, attends! » Et rapide comme le vent, il s'empara de lui par derrière et courut le préci-

piter dans un bassin, qui n'avait pas au reste plus d'un pied
d'eau... Le nain, foudroyé par la brusquerie de l'attaque, n'avait
pu cette fois encore apercevoir celui qui venait de l'expédier
ainsi.

L'officier, débarrassé du fàcheux, s'empressa de rejoindre sa
maîtresse, présumant bien que son rival, complétement humide,
s'en tiendrait là de ses malices. Mais il avait à peine rassuré la
belle Ketty sur la prétendue conspiration, que des cris affreux
retentirent... « Oh ! oh! dit-il, sans bouger pour cela... c'est
quelque nouveau tour de mon garnement... » Les cris redoublè-
rent... » ceci me paraît de bon aloi, fit pour le coup l'officier.» Et,
brave comme son épée, il s'élança dans la direction du plaignant...
C'était le pauvre Étrix, qui, se sauvant à travers le bois pour
cacher ce nouveau désappointement, s'était pris la jambe dans
un piége à voleur... « Que diable faites-vous là... mon très-

cher? lui dit l'officier, d'un air de bonhomie parfaitement joué...

persistant dans ce système, qu'ils étaient les meilleurs amis du monde... De grâce, tirez-moi de là!... fut la seule réponse du nain.—Eh quoi! dans un piége à voleur... Convenez-en, on ne court pas ainsi de nuit... Je vous l'ai dit cent fois... vous êtes trop rêveur,... c'est une passion qui vous sera fatale si vous n'y mettez bon ordre.» Et l'officieux railleur le débarrassa du malencontreux piége...«Mais, Dieu me pardonne, vous êtes trempé jusqu'à l'épiderme... Voyons, mon très-cher, il n'y a nul bon sens, et vous courez visiblement après les rhumatismes... Tant de rosée n'est point bonne aux humains,... elle n'est vraiment salutaire qu'aux fleurs ;... à moins pourtant que vous n'en soyez une !... Dam ! ça s'est vu... La métempsycose repose là-dessus. Dans tous les cas, ce serait de la petite espèce.—Ouf ! fit le nain, sans riposter autrement aux sarcasmes de l'officier ;... j'ai grand besoin d'aller dormir..

— Parbleu, je vous le conseille !

— Et vous avez raison, il n'est pas sain de voyager à pareille heure.

— Je vois ce que c'est :... vous avez un tendre pour les effets de lune... C'est poétique !... mais ça ne réussit pas toujours,... Après cela, c'est une expérience que vous avez acquise... Question d'avenir... voilà tout !...—Sans doute ;... mais bonsoir et merci, dit Étrix, qui sentait le besoin de terminer l'entretien.

— Le merci est de trop, et c'est tout à votre service ;... ne vous en privez pas ; vous me trouverez à toute heure dans les dispositions de vous être agréable.—Vous êtes trop bon, répondit le nain, qui, à travers toutes ces atteintes, était fort empêché de faire une retraite honorable.— Maintenant tenez-vous chaudement, ajouta l'officier en quittant Étrix,... c'est un conseil d'ami. »

Le nain, sensiblement revenu d'un amour qui lui rendait de si minces bénéfices, ne gêna plus nos deux amants, qui se marièrent par suite, eurent beaucoup d'enfants, et des plus beaux encore... C'est une conséquence qui ne surprit point ceux qui connaissaient leurs grâces mutuelles.

Étrix, tout au contraire, termina son existence au milieu des joyeusetés de la vie de garçon. Seulement lorsque ses cheveux et ses dents commencèrent à le quitter en silence, il commença, lui pour ajouter à ses talents, d'étudier consciencieusement le Chinois... Ce qui, d'après le dire de ses contemporains, le distraya de certains souvenirs et lui fut une grande douceur pour ses vieux jours.

VII.

UN FILS DE CHARLEMAGNE.

harlemagne, qui avait une manière
assez large de comprendre l'amour,
eut successivement cinq femmes et
plusieurs maîtresses. Quelques auteurs
rangent Himiltrude au nombre de ces
dernières, mais une lettre du pape
Etienne III, adressée à Charles et à
Carloman, doit la faire considérer comme sa première femme.
Née en France d'une famille distinguée, elle était encore re-
marquablement belle. Charles, qui l'avait épousée par ordre de

Pépin, en eut deux enfants : Pépin, dit le bossu, et une princesse nommée Rothais, qui vivait encore en 806.

Deux ans après son mariage, Charles répudia Himiltrude pour
épouser Ermengarde, fille de Didier, roi des Lombards, qu'il
répudia de même pour épouser Hildegarde, fille d'Imma, petite-
fille de Nébi, laquelle fit bientôt place à Fastrade, fille de Ro-
dolphe ou Raoul, comte de Franconie, que la belle et vertueuse
Luitgarde devait à son tour effacer du cœur de ce grand roi.
Himiltrude, la première de ces reines, après qu'elle fut répudiée,
vivait donc avec ses deux enfants dans un coin de la maison de
Charlemagne, où elle tâchait de se faire oublier.

Bien qu'Himiltrude, grande et forte, se désespérât de voir
son fils si débile, elle ne cessa de lui mettre au cœur la haine
vigoureuse qu'elle gardait contre Charlemagne et contre celles
qui lui avaient enlevé son amour. L'enfant grandissait sous cette
influence, et devint, contre toute prévision, d'une force extraordinaire ; mais cette force qui charmait sa mère, il ne l'exerçait
point que seul, ou devant elle.

Souvent il se laissait maltraiter par les autres fils de Charlemagne, qu'il raillait continuellement. Il se contentait de leur
dire qu'ils étaient des lâches de le frapper, lui faible et bossu.

Déjà il gagnait par de sourdes menées l'esprit des Saxons,
qui n'avaient embrassé le catholicisme que pour échapper à la
mort, et des Francs, mécontents de la sévérité de Charlemagne.
Il leur prêchait, aux uns, l'amour du sol natal, déroulant à leurs
yeux les sombres épisodes de la guerre, qui, ne s'arrêtant point

à décimer leurs familles, les avait réduits à l'esclavage; aux autres, l'amour de l'égalité, de la liberté sans limites; jetant, au milieu de raisons froidement ironiques, de ces phrases brûlantes qui remuent le cœur des masses et font par suite chanceler les trônes. Certain de leurs dispositions, il les rassembla, la nuit, dans l'église Saint-Pierre de Ratisbonne. Son père, qui avait licencié ses troupes et rompu son parlement, venait d'y arriver, ayant pour suite sa famille seulement. Là, Pépin leur démontra la nécessité de le mettre à mort, disant que Charlemagne ne se relâcherait point de son injustice tant que Fastrade serait présente pour l'animer contre eux. Puis il leur enseigna le moyen de pénétrer jusqu'à lui : ils devraient d'abord cerner sa maison, et se tenir l'épée haute, afin d'immoler tous ceux qui chercheraient à fuir. Quant à Charlemagne, il était bien certain qu'il faudrait le vaincre avant que de le tuer. « Le vaincre!... s'écrièrent les conjurés, qui tous pâlirent à ce mot... Le puissant empereur venait de surgir à leur imagination, terrible comme aux jours où son épée sanglante amoncelait des cadavres autour de lui. — Quoi!... ce colosse vous fait peur?... eh bien!... je me réserve cette tâche, c'est moi qui l'abattrai : le léopard déchirera l'éléphant, David tuera Goliath... »

Alors tous ces hommes de fer, que le danger d'une telle entreprise avait glacés pourtant, se
prirent à regarder Pépin d'un air
qui semblait dire : Sommes-nous
donc les complices d'un fou? — Je
le briserai, s'écria-t-il avec fureur,
comme ce bois fragile qui garde
les trésors de cette église. Et,
d'un coup de son poing nu, il fit
voler en éclats la porte d'une ar-
moire de chêne, de plusieurs pouces d'épaisseur.

Les conjurés, étourdis de ce trait de force, se regardaient avec
étonnement ; mais cet étonnement redoubla quand un pauvre prêtre lombard, nommé Fardulfe, qui, cédant aux fatigues du jour,
s'était endormi dans une chapelle, fit choir, en se réveillant subi-
tement, un crucifix d'or qui vint tomber à leurs pieds. Le premier
mouvement des conspirateurs fut de tirer leurs épées et de s'élancer sur cet homme... Mais aussitôt quelques-uns reculèrent devant la pensée d'immoler un prêtre dans le sein même de l'église,
objectant qu'une telle action pouvait leur attirer la malédiction du
ciel. Pépin seul ne fut point de cet avis, répondant que Fardulfe
devait périr, que sa vie n'était que d'une bien mince importance
dans le moment où il s'agissait de tuer un empereur... Le pauvre clerc, au comble de la terreur, offrit de jurer sur l'Evangile
qu'il ne les trahirait point. « Il n'y a qu'une bouche morte qui
tienne bien le serment fait par une bouche vivante, » dit Pépin ·

inébranlable. Malgré cette violente opposition, on ne l'écouta point, et le prêtre partit, sur la foi du serment qu'il se hâta de prêter. C'était le lendemain qu'on avait choisi pour exécuter le projet conçu.

Mais, ainsi que Pépin l'avait prédit, le clerc, une fois en liberté, courut vers la maison de Charles. Parvenu, après force difficultés, à franchir les sept portes qui précédaient l'entrée de la chambre du roi, il avait mille peines à persuader aux femmes qui veillaient d'ordinaire pour le service de la reine et de ses filles, qu'il n'était point un insensé, et que le salut de l'empereur exigeait qu'il lui parlât sur l'heure. Charlemagne, réveillé par le bruit de cette discussion, demanda ce qui se passait. Deux minutes plus tard, le prêtre, tout bouleversé, tombait à ses genoux, et lui révélait dans tous ses détails ce qu'il venait d'apprendre si directement. Avant la troisième heure du jour, les conspirateurs, dénoncés par Fardulfe, étaient tous arrêtés.

L'empereur, instruit qu'ils appartenaient à des familles qui ne cessaient d'ourdir contre lui toutes sortes de complots, résolut de se défaire tout d'un coup d'eux et de leurs proches... Ordre fut donc donné de les amener sans distinction d'âge. Charlemagne, piquant alors son épée en terre, décida qu'on mettrait à mort tous ceux qui la dépasseraient en hauteur.

De pauvres enfants de douze ans à peine, venus avec leurs pères, avaient péri comme eux dans cet acte d'impitoyable justice. Vint le tour de Pépin... Il s'avança le front haut, l'œil fier, se redressant dans sa taille contrefaite; mais il ne put si bien faire

qu'il atteignît à la hauteur de l'épée de Charles... L'empereur,
s'en apercevant, s'écria, comme frappé d'une vision céleste :

C'est Dieu qui m'a inspiré ce jugement, afin que je ne fasse
pas couler le sang que j'ai donné, afin que, plus clément que
David, je pardonne à ce nouvel Absalon. » Mais Pépin, humilié de cet incident, et résolu à mourir, se dressait sur la
pointe de ses pieds. L'empereur lui dit alors :

« Tu as beau faire, misérable bossu, tu ne seras jamais si
grand que l'épée de Charles... — Je ferai donc l'épée de Charles
plus petite que moi, » repartit Pépin. Et, l'arrachant de terre, il
la brisa sur son genou comme un frêle roseau, puis, la plantant
à côté de lui, il ajouta : — « Tu vois que je la dépasse de la
tète ; fais tomber cette tète maintenant, si tu veux que ta cou-

ronne passe sur celle de tes fils imbéciles... » L'empereur, stupéfait de voir un être si chétif en apparence déployer tant
d'audace et de force, mais persistant à suivre l'inspiration qu'il
croyait avoir reçue du ciel, répondit :

« Je ne la ferai point tomber, car Dieu me punirait d'avoir
méprisé ses ordres ; seulement je la ferai raser si près, que mes
plus acharnés ennemis n'y verront trace de ta royale naissance,
je te le jure. »

En exécution de cette promesse, Pépin fut enfermé dans le
monastère de Saint-Gall, où une partie de sa vie s'écoula au

milieu des pratiques austères de la religion et d'une constante
pauvreté.

Charles eut, depuis cet événement, une confiance sans bornes
dans le courage, l'esprit et le jugement de Pépin, et ne négligeait point de le consulter dans les occasions difficiles.

Un jour que, las de sévir contre les agitateurs qui l'accablaient de toutes parts, il dépêcha plusieurs députés vers Pépin, avec la recommandation expresse de lui demander ce qu'il devait faire pour les contenir, les envoyés trouvèrent Pépin dans le jardin du couvent, travaillant à la terre comme le plus humble des moines, et lui exposèrent le but de leur visite... Il leur répondit, sans toutefois interrompre son travail : « Dites à mon père dans quelle occupation vous m'avez trouvé. »

Mais, comme les députés insistaient pour avoir une réponse formelle à la demande de l'empereur, il reprit : « Rapportez-lui que vous m'avez trouvé arrachant les mauvaises herbes pour faire croître les bonnes.. » Les envoyés ne comprenant point le sens de cette réponse, le pressèrent de nouveau avec le plus grand respect de satisfaire aux désirs de l'empereur; mais ils n'en obtinrent pas davantage... Ils s'en revenaient tout désappointés rendre compte de leur mission à Charlemagne, quand celui-ci leur dit : « Et vous n'avez pas vu l'avis salutaire que renfermait cette sage réponse ?... Je vais vous le montrer... »

Et sur-le-champ il ordonna que tous les conspirateurs fussent décapités...

Fastrade, qui avait une grande influence sur Charlemagne, influence dont elle abusa souvent, ne survécut guère à la conspiration que Pépin avait organisée contre elle, et l'an 794 elle mourut à Francfort-sur-le-Mein. Pépin mourut dans l'abbaye de Prum en 811.

L'histoire ne dit point ce que devint Himiltrude.

VIII.

UNE CÉLÉBRITÉ LORRAINE.

ous le règne de Stanislas 1er, roi de Pologne, que la mauvaise fortune poursuivit pendant plus de trente ans, mais qui, par un coup inespéré du sort, devint en même temps beau-père de Louis XV et possesseur des duchés de Lorraine et de Bar, est né le 19 novembre 1741, à Dlam, dans les montagnes de la Lorraine, ce que l'on pourrait appeler une huitième partie environ du poids que pèse, terme

moyen, un humain qui vient prendre place au banquet de ce
qu'on nomme la vie. Il pesait quinze onces, ni plus ni moins.
Sa mère avait alors trente-cinq ans. Il était l'aîné de trois enfants, mais seul de sa taille, taille à laquelle il dut une célébrité dont la plupart des hommes gros et grands que produit
la Lorraine, ce pays au sang régénérateur, purent bien être
jaloux.

Ce personnage, assurément l'un des plus connus dans le
peuple nain, est Nicolas Ferry, dit Bébé, surnom qui, comme
on verra, lui fut donné... Mais n'anticipons pas les circonstances
qui marqueront leur passage dans la vie de notre héros ; il ne
pèse encore que quinze onces, et nous avons à le faire passer...
passer!... Notre lecteur sourit, et s'attendait à ce que nous allions lui dire par le trou d'une grosse aiguille ; mais non, nous
voulons dire par les filières de la vie. Aussi bien commençons.

Deux jours après la naissance de mons Ferry, jours pendant
lesquels la maison paternelle fut assiégée de visiteurs et bien
plus encore de visiteuses, comme dit une vieille chronique du
pays ; lesquelles visiteuses, après avoir cherché dans ses langes
et contemplé la lilliputienne créature, regardaient les visiteurs
avec des yeux dont la malice était toujours proportionnée à la
taille de l'individu sur lequel ils s'étaient fixés ; deux jours
après, disons-nous, la naissance de mons Ferry, on s'occupa, à
la grande satisfaction de l'heureuse mère, du baptême de son
premier-né. Mais quelle déception, bon Dieu ! voilà que les objets composant la layette, et qui avaient été préparés soit par les

soins de la marraine, soit par ceux du parrain, Nicolas Tabeu,
parent de l'accouchée, étaient, sans exagération, quatre ou cinq
fois trop grands; et dans la joie où l'on était de la naissance de
cet extrait lorrain, on n'avait pas songé qu'il pouvait tenir tout
entier dans un des petits bonnets enrubannés par mademoiselle
Nicolette, marraine en espérance depuis six mois au moins. Ce
contre-temps ne fut rien encore; mademoiselle Nicolette, habile
à manier l'aiguille, prit facilement son parti, et en *deux tours de
main* vous fit une demi douzaine de bonnets dans les proportions voulues; ce qui fut quelque chose, mais quelque chose
de terrible, c'est l'ajournement indéfini que devait éprouver la
mise en service d'une jolie petite culotte verte et rose, ce qui n'est
pas médiocrement anacréontique, que le parrain avait glissée dans
la layette aussitôt qu'il eut appris que c'était un garçon, attention ou plutôt intention basée sur ce que le susdit parrain, Nicolas Tabeu, voulait que son filleul prît son rang le plus tôt
possible parmi les hommes, en portant, comme il disait très-sé-
rieusement, ce vêtement qui ennoblit l'homme et que l'homme
ennoblit. Mais il se consola en disant : Petit *homme* devient
grand, et nous verrons plus tard : la culotte est toute prête ;
avec mes idées là-dessus, c'est déjà quelque chose.

Enfin le moment de partir pour l'église n'est pas éloigné. Le
bon papa Ferry, le grand-père paternel, le grand-père maternel,
le parrain, la marraine, les parents, les amis, tout le monde est
prêt. Chacun a revêtu ses habits de fête, les rubans volent au
gré du vent, la cloche sonne : le cortége lorrain dans toute sa

27

splendeur est en marche, et ce jour-là la commune de Dlam fut plus gaie que ne l'est l'intérieur d'un palais le jour de la naissance d'un moutard entre les mains duquel on doit remettre un jour les destinées d'un empire.

Dans notre joyeux récit nous allions omettre un point capital à constater : c'est que mons Ferry, semblant partager le bonheur des siens, n'avait pas jeté un seul cri. Il était, pour parler historiquement, porté par la sage-femme du pays, madame Vadeboncœur, sur un plat (de petite dimension s'entend) garni

du lin le plus doux que l'on avait pu trouver dans toute la commune.

On est arrivé dans l'église et chacun entoure les fonts batismaux. Monsieur le curé avait donné ordre que l'on allumât le cierge réservé aux circonstances extraordinaires. Et c'est ici le cas de le dire, les extrêmes se touchent : ce luminaire servait aux très-grands et aux très-petits.

« Mais, dit monsieur le curé, dans l'excès de votre joie vous

avez oublié ce qui en est la cause... où est donc le nouveau-né?
— Oublié? mais pas du tout, dit madame Vadeboncœur; tenez,
le voici, regardez plutôt. — Où donc, là? repartit le curé en es-
suyant les verres de ses lunettes avec l'un des pans de son étole;
ah! oui, je l'entreperçois. Mais il n'est pas gros, j'oserais même
dire qu'il est assez petit. C'est égal, mes bons amis, Dieu ne
juge pas ses créatures à la taille et au poids, comme on le fait
trop souvent sur cette terre; Dieu accueille tous ses enfants,
gros, grands ou petits, laids ou beaux; c'est par leur âme et
leurs actions qu'il les juge, croyez-le bien, mes bons amis. » Mademoiselle Nicolette, dont les yeux du bon curé ont par hasard
rencontré la figure, était très-émue de ce touchant langage;
mais à ces mots *laids ou beaux* un sourire s'échappa de ses lè-
vres... C'était, sans contredit, la plus jolie fille de Dlam. Quant
au bon curé, cher lecteur, soyez bien persuadé qu'il était tout
entier à sa morale. Et puis où est le danger de regarder une
jolie fille avec des lunettes? Grâce à cet intermédiaire on peut
dire : Honni soit qui mal y pense.

En définitive on procéda au sacrement du baptême, et mons
Ferry fut prénommé Nicolas.

Le bon curé, sans cérémonie et sur les lieux mêmes, fut invité au repas du baptême, et sur les lieux mêmes et sans cérémonie il accepta : il y avait bonté et franchise des deux parts.

En un instant il se défit des insignes qu'il avait revêtus, et,
placé au centre de ces braves gens, il se rendit à la maison paternelle, où un bon feu et un bon dîner, deux choses qui se font

valoir l'une par l'autre, surtout vers la fin de novembre, atten-
daient les convives.

Chacun prend place au banquet, où l'on remarquait un jam-
bon qui embaumait de ses lauriers et surtout de son divin
fumet le modeste et campagnard cénacle. M. le curé, placé entre
mademoiselle Nicolette et madame Vadeboncœur, reçoit de mo-
destes gracieusetés de l'une et d'excellents morceaux de l'autre.
Le digne homme trouvait là la nourriture du corps et celle du
cœur ; deux avantages qui, réunis, font d'un simple mortel un
dieu sur terre.

Le parrain, Nicolas Tabeu, en pointe de gaieté, verse à boire
à madame Vadeboncœur, qui, sans oublier qu'elle était à table,
pensait toujours à Nicolas le nouveau-né. De son naturel, vive,
joyeuse, communicative, aussitôt qu'elle avait conçu une idée
elle l'exécutait à l'instant. Elle s'esquive de table, non sans que
M. le curé s'en aperçût, c'était elle qui le servait ; elle se rend
dans la chambre de l'accouchée, et là, s'empare d'un des sabots
neufs du grand-père maternel du nouveau-né, le garnit de lin,
y couche notre petit nain, prend le susdit sabot par la pointe
avec le pouce et l'index seulement, rentre dans la salle du
festin et s'écrie : « Voilà monsieur Nicolas couché dans son lit.
Voyez, dit-elle, en montrant la partie recouverte du sabot, il
aura toujours ou les pieds ou la tête à l'abri d'un coup de vent.
Convenez-en, monsieur le curé, ce berceau n'est-il pas d'une
merveilleuse invention pour un homme de cette taille ? » Et sur
ce, elle le pose au beau milieu de la table. M. le curé, dans

l'excès de sa joie, lui donne, non pas sa bénédiction, c'était trop peu pour un jour pareil, mais ses bénédictions, ce qui était plus en harmonie avec la situation. Là-dessus le parrain se lève et propose un toast général à la santé et à la prospérité du nouveau-né. Un vieux vétéran bien plus que centenaire, et faisant encore partie de la garde sédentaire de Paris, lequel fut garde du corps du roi Stanislas, et qui a connu Bébé, nous affirme que le bon curé, les veines du front toutes gonflées par le plaisir, s'est levé aussi et a crié deux ou trois fois : Bravo! bravo!

Ainsi se termina ce repas de baptême, plus simple, beaucoup plus simple que ceux donnés par les grands de ce monde, où la vraie joie, le vrai bonheur, sont souvent remplacés par des lustres aux mille lumières et un luxe extravagant, à l'aide desquels ils croient se donner le change.

Nicolas Ferry, au milieu de ses braves parents, simples cultivateurs, *grandit* à l'ombre des baisers de sa mère, qui le nourrissait elle-même, et des caresses de tout le monde, sans excepter celles de M. le curé.

Le bon Stanislas, qui vivait tranquillement dans son duché qu'il embellissait sans cesse par les monuments qu'il érigeait et les beaux-arts qu'il appelait à sa cour, remarqua, dans une

28

tournée qu'il fit, le petit Nicolas, qu'il trouva très-gentil de manières et même de physionomie ; il s'introduisit dans sa famille, à laquelle il fit du bien. Au bout de peu de temps il lui fit demander si elle consentirait à lui donner Nicolas Ferry pour l'attacher à sa personne.

A cette nouvelle inattendue, le parrain, la marraine, M. le curé, madame Vadeboncœur et tous les amis sont consultés; loin de donner un avis défavorable, tous virent dans la démarche de Stanislas un insigne honneur, et donnèrent leur approbation sans réserve aucune.

On fit donc sur-le-champ savoir à Stanislas que l'on accédait à sa demande, et que le père de Nicolas Ferry irait lui-même conduire son fils au roi, dans son palais. Stanislas répondit qu'il les attendait tous deux le plus promptement possible.

L'un des jours suivants, le père de Nicolas fait habiller proprement son fils; mais, pour qu'il arrivât dans le palais de Stanislas frais et dispos, il le plaça dans un joli panier, qui, du reste, était à l'usage du petit Nicolas quand on l'emmenait un peu au loin.

Nos deux voyageurs arrivent au palais de Stanislas. Le prince est averti. Aussitôt il donne des ordres pour que Ferry et son fils soient introduits. Les portes s'ouvrent. Un valet de pied introduit le simple cultivateur auprès du roi, qui en ce moment était en face d'une cheminée en compagnie de sa femme. Le paysan dépose son panier sur un fauteuil. Aussitôt Stanislas lui dit : « Ah! il paraît que vous avez fait des réflexions, et que vous ne voùlez plus me confier votre enfant; pourtant il aurait été très-bien ici; il n'y aurait surtout manqué de rien, je vous le jure. Dans son intérêt, je suis fâché que vous ayez changé d'avis.

— Mais, mon prince, vous vous trompez sur mes intentions. »

En ce moment, un léger bruit se fait entendre dans la pièce même où se passe cette scène. Nicolas était sorti de son panier; à l'aide de ses pieds il l'avait jeté par terre et s'était placé debout sur le fauteuil. Stanislas, qui avait porté sa vue du côté où ce léger bruit s'était fait entendre, s'écria tout à coup :

« Mais que vois-je? Comment est-il possible?... Quoi! il était contenu là dedans?

— Oui, mon prince; c'est sa voiture habituelle quand nous nous éloignons de chez nous. »

Stanislas et sa femme ne pouvaient en revenir. Tous deux, sur-le-champ, conçurent un très-vif attachement pour le petit Nicolas Ferry. Dans la crainte qu'une séparation subite du père et de l'enfant fût trop pénible et pour l'un et pour l'autre, Stanislas fit rester le père dans son palais pendant plusieurs jours.

On donna sur-le-champ à Nicolas Ferry, dit Bébé, de superbes habits qui remplacèrent ceux plus qu'ordinaires qu'il avait portés jusqu'à ce jour. Fut-il plus heureux, le pauvre petit être, sous l'or et l'argent que sous le simple lin écru et sous la bure grossière? Mais la vanité se niche aussi bien dans un petit être que dans un grand, et l'on assure que Bébé se glorifiait beaucoup de sa position.

Le roi Stanislas, plein de bonnes intentions à l'égard de son nain, se mit en devoir de lui donner des maîtres. La lecture est la première chose dont on s'occupa. Un maître, à lui seul attaché, fut donc chargé de lui apprendre à lire. Dès le début, ce maître vit qu'il n'y avait rien à espérer; son élève, après un certain nombre de leçons, n'ayant jamais pu aller au delà du B. Arrivé à cette seconde lettre de notre alphabet, il prononçait B, B, B, B, avec tant de volubilité, que le surnom de Bébé lui en est resté et a fait presque oublier le nom de Ferry.

Cependant, dans le but de complaire à Stanislas, et malgré la répugnance de Bébé, ce maître voulut persévérer. Mais les ruses de Bébé devenaient de plus en plus fréquentes pour échapper à la leçon. Un jour que son maître voulait à toute force le faire arriver jusqu'à la lettre C, le nain file entre ses jambes et disparaît. Le maître cherche partout, mais vainement. Il fait avertir de suite Stanislas, qui ordonne les recherches les plus minutieuses dans toutes les localités du palais, mais elles n'amènent aucun résultat satisfaisant. Accompagné d'un de ses valets de pied, Stanislas se rend dans la pièce où la leçon avait été donnée, puis interroge vivement le maître, qui était plein de confusion.

« Allons, dit le prince au valet de pied, il faut chercher de nouveau...Eh bien ! dépêchez-vous donc, » ajouta-t-il vivement.

Le domestique, un peu troublé, veut sortir, mais heurte, en s'en allant, le dos du fauteuil sur lequel le maître s'était assis pendant la leçon, et le renverse avec fracas; aussitôt l'on aperçoit

Bébé cramponné aux sangles du fauteuil, et riant au nez du maître. A partir de ce jour, Stanislas renonça au maître de lecture, dans la crainte d'une nouvelle alerte.

Stanislas avait remarqué qu'à certaines revues militaires, Bébé, qui était à ses côtés, n'avait pas été insensible à la musique. Il tenta de lui donner un maître de musique et un maître de danse.

Le maître de musique parvint à lui faire battre la mesure, mais il ne put le mener plus loin.

Le maître de danse fut plus heureux ; il parvint à faire danser son élève. Il est juste de dire que Stanislas n'avait choisi rien moins qu'un élève de Gardel, le maître de danse de Sa Majesté Louis XV.

Ces leçons étaient un véritable amusement pour Stanislas et la duchesse de Lorraine sa femme. Il n'y avait en effet rien de plus singulier, de plus original, que de voir ce nain danser, soit le menuet, soit la gavotte ; ou bien faire des pas élégants, pirouetter, s'enlever comme un zéphyr, faire des grâces près d'une dame... que représentait une chaise.

Ce progrès de Bébé dans l'art de la danse ne contribua pas peu à lui attacher Stanislas de plus en plus. On assure même qu'il n'était pas sans influence sur le prince, et qu'il était assez souvent parvenu à faire évincer des personnages qui l'avaient quelque peu raillé. Il est juste de dire que nombre de fois il a usé de son influence auprès de Stanislas pour faire du bien à de pauvres gens qui en avaient grand besoin.

29

Remplie d'attentions pour son mari, recherchant toutes les occasions de lui être agréable, travaillant surtout sans relâche à
rendre le prince heureux et content dans son intérieur, la duchesse de Lorraine avait invité à un superbe dîner tout ce que
le pays offrait de plus distingué ; plusieurs seigneurs de la cour
de Louis XV avaient fait le voyage exprès pour y assister.
Tout était organisé pour que ce repas fût magnifique, splendide
même, soit par l'éclat des toilettes, soit par le luxe de l'art cu-
linaire. Quand vint le second service, deux officiers de bouche,
sous la surveillance d'un Vatel lorrain, apportèrent et placèrent
au milieu de la somptueuse table un pâté hors ligne, une œuvre
de génie enfin : il représentait une forteresse avec créneaux et
bastions. La duchesse de Lorraine fit signe d'enlever le dessus
de ce morceau artistique ; au même moment et avec la promptitude de l'éclair, Bébé, dressé sur le monument dans lequel, la

minute d'avant, il était blotti, tire un coup de pistolet qui plonge dans l'épouvante tous les cœurs féminins, et rend Stanislas d'autant plus ivre de joie, que c'était de la part de la reine une surprise qu'elle lui ménageait.

Et pour compléter le tableau, un des convives, dans l'excès de sa joie ou de sa naïveté peut-être, s'écria : « Eh ! mon Dieu ! est-ce que nous allons manger du nain ? »

Bébé, comme on vient de le voir, jouait un certain rôle à la cour du bon Stanislas. Il était aimé, choyé de presque tout le monde. Ce prince, s'évertuant à imaginer ce qu'il pourrait faire pour son nain, qu'il voyait triste et rêveur depuis quelque temps, supposa qu'il était amoureux. Il songea à le marier, mais il voulait l'unir à une naine. Il chargea donc une personne de son palais de lui trouver une naine à laquelle il ne ferait pas moins de bien qu'à Bébé, qui alors était âgé de vingt ans.

Pour complaire aux rois, il n'est rien d'impossible : la naine tant désirée fut trouvée. Barbe Souvray, née en 1746 et âgée de 15 ans, fut présentée à la cour et acceptée par elle. Il ne s'agissait plus que de ménager une entrevue. La reine, duchesse de Lorraine, se chargea d'annoncer le projet d'union à Barbe Souvray ; le roi se chargea d'en faire part à Bébé, qui l'accueillit avec une joie très-vive. Le jour de l'entrevue fut donc arrêté. On para, par les soins de la duchesse de Lorraine, Barbe Souvray des plus beaux habits, et ceux que portaient Bébé ce jour-là avaient encore plus d'éclat qu'à l'ordinaire.

Rien n'était plus curieux à voir que l'embarras de la jeune naine, qui, regardant Bébé un instant, baissait les yeux sur-le-

champ ; une sorte de tremblement né de l'embarras , de la ti-
midité, de la circonstance, s'était emparé de tout son être. Bébé,
plus expérimenté, faisait le galant, lui présentait la main pour la
conduire d'une pièce à une autre, lui souriait avec grâce à la
manière des hommes de cour, et dans un moment où il traver-
sait un corridor il lui baisa la main ; ils en devinrent rouges
tous deux : elle, par suite de l'effet que ce baiser avait produit
sur son cœur; lui, de contentement d'avoir produit cet effet.

En résumé, ils se convinrent, et la cour décida qu'ils seraient
fiancés, en attendant le mariage.

Mais le sort, au grand regret de Stanislas et de la duchesse
de Lorraine, vint renverser leur projet. Bébé devint languissant,
tomba sérieusement malade, et mourut sans que le mariage pût
s'accomplir.

On vit, dans les derniers temps de la vie de ce nain, sa taille
croître et arriver jusqu'à près de trente-six pouces, effet attribué
à la maladie de langueur qui l'enleva.

Le 25 juillet 1746, le docteur Kast, médecin de la reine, duchesse de Lorraine, mesura et pesa Bébé avec la plus grande
précision. Il avait alors quatre ans huit mois sept jours. Sa taille
était de 15 pouces, et son poids de neuf livres sept onces. A
l'âge de onze ans, il n'avait que deux pieds de haut.

Les restes de cette petite créature sont déposés au Muséum
d'histoire naturelle du Jardin des Plantes, dans les collections
anatomiques. En les regardant, je fus assiégé de mille pensées ; je cherchai, mais vainement, à pénétrer les secrets de la

nature. En cet instant, un savant passe près de moi et explique tout d'un ton tranchant. Un peu surpris de son air capable, je me hasardai à lui demander s'il savait pourquoi et comment un grain de blé germait en terre; il me répondit en ricanant qu'il voyait bien que je n'étais pas un homme scientifique. Depuis, j'ai appris que le docteur R... employait tout son temps à disséquer des mouches, et à fendre des cheveux en quatre. C'est peut-être en se livrant à ce travail qu'il a appris pourquoi il y a des nains. Qui sait?

IX.

NAIN ET FORCE HERCULÉENNE.

a nature, il faut le répéter sans cesse, enveloppe ses secrets dans son sein et les rend bien souvent impénétrables à l'œil de l'homme. Le même père et la même mère peuvent donner le jour à des enfants d'une organisation physique ou morale complétement différente.

Ceci peut s'appliquer aux époux hollandais Lolkes , qui eu-

rent huit enfants, tous, soit au physique, soit au moral, diversement organisés. Celui que nous avons à faire connaître, Wibrand Lolkes, était né en 1750 à Ielst en Hollande. C'était un
nain; sa force musculaire, même dans un âge peu avancé, était
digne de remarque et avait fixé l'attention de l'illustre Boërhaave
qui plusieurs fois l'exa-
mina avec cette curiosité
réfléchie qui caractérise les
grands et profonds obser-
vateurs de la nature.

Le père de Lolkes n'était
qu'un pauvre pêcheur hol-
landais. Il ne songeait pas
le moins du monde à don-
ner à cet enfant un autre
état que le sien. Aussi, tout
jeune encore, l'emmenait-il avec lui sur les côtes pour le familiariser avec l'aventureux métier de pêcheur. Le jeune Lolkes,
d'un caractère déterminé, paraissait ne rien redouter. Quand
son père avait lancé sa barque, plus elle s'éloignait de la terre,
plus il paraissait rassuré. Si la mer s'agitait, grondait, lui
restait là tranquille et calme comme un alcyon au milieu des
flots en courroux.

Studieux, curieux de connaître et d'apprendre, au retour de
la pêche, Lolkes rentrait dans la hutte enfumée de son père.
Là, il lisait la vie des marins célèbres hollandais, mais prin-

cipalement celle de Ruyter, qui, mousse à l'âge de onze ans, devint amiral et répandit sa renommée par toute l'Europe, surtout par ce combat victorieux de 1667 où la victoire qu'il remporta sur la flotte anglaise porta la terreur jusque dans Londres.

Ce nain avait un goût très-prononcé pour la mécanique et les machines de toute espèce. Une vie de Rennequin de Scalem, célèbre machiniste de Liége, inventeur de la fameuse machine de Marly, était tombée entre ses mains, et il l'avait tant lue qu'il la savait par cœur. Il disait même assez souvent qu'il espérait bien aller à Marly pour examiner de près la célèbre machine, qu'il ne connaissait que par une succincte et imparfaite description.

Des enfants du voisinage venaient souvent l'écouter. Au milieu d'eux il s'animait, et, plein d'enthousiasme, leur expliquait à sa manière ce que d'abord ils n'avaient qu'imparfaitement saisi. Mais il en revenait souvent à Ruyter. Le courage de cet illustre marin produisait sur lui un effet tellement prodigieux, il s'enflammait tant au récit de ses hauts faits, qu'un jour, se trouvant comme humilié d'être dominé par les jeunes gens qui l'entouraient, il sauta, rien que par l'agilité et la force des muscles, sur une chaise d'une hauteur ordinaire qui se trouvait par hasard placée près de lui, et cela avec la promptitude de l'éclair. Tous les assistants, stupéfaits, ouvrirent de grands yeux et se regardèrent les uns les autres, se témoignant tous, et au même instant, une égale surprise.

C'est alors que, tout émerveillés, ils s'en retournaient chez

leurs parents, et leur racontaient tout ce qu'ils avaient entendu.

Parmi les habitants de Ielst, se trouvait un vieillard qui venait quelquefois passer ses soirées chez le père et la mère de
Lolkes. Il leur dit un jour : « Votre fils Wibrand a en intelli-
gence ce qui lui manque en taille ; et ce n'est pas peu dire, car
il est bien petit. Je vous engage à lui donner un état, mais un
état distingué où il ne manquera pas de réussir, dit-il, en se
disposant à fumer une pipe ; je connais à Amsterdam un horloger mécanicien plein de talent et qui ne demandera pas mieux que
de prendre Wibrand chez lui. Je vais lui écrire et lui dirai dans
ma lettre tout le bien que je pense de vous, que vous êtes chargé de famille et que je lui recommande votre fils comme si
c'était le mien.

—Nous vous remercions, monsieur Van-Dambrande, et accep-
tons de grand cœur, » dirent le père et la mère de Wibrand, per-
suadés que leur fils serait enchanté d'étudier une partie aussi belle
que l'horlogerie. Le père et la mère ne sont point déçus dans leurs
espérances ; grande est la joie de Lolkes ; tout est convenu, arrêté, et déjà il est installé chez M. Van-Galen, célèbre horloger
à Amsterdam.

Nous avons dit que Lolkes avait tout jeune encore une force
musculaire hors ligne ; avec l'âge elle s'était déployée d'une
manière très-remarquable.

Les ateliers de M. Van-Galen étaient situés sur la plus belle
place de la ville d'Amsterdam. Un jour Lolkes était allé chez un

serrurier mécanicien établi sur la même place ; il entend crier :
Sauvez-vous ! sauvez-vous ! C'est un lion qui s'est échappé des
mains de ceux qui le faisaient voir. Tout le monde s'était retiré,
mais un pauvre enfant, trop jeune pour comprendre le danger,
était resté là à jouer tranquillement. Lolkes voit arriver l'animal ; il est furieux et se dirige vers le pauvre infortuné ; ses
yeux enflammés déjà disent quel plaisir il va éprouver à le
broyer sous sa dent affamée et féroce. Lolkes, comptant sur sa
force, et ne consultant que son courage, saisit au feu de la
forge une longue barre de fer, toute rouge d'un bout ; sans mot
dire il la saisit de ses deux vigoureux poignets, court au-devant du lion qui, déjà, la gueule ouverte, et à quelques pas de
l'enfant, allait le dévorer. Lolkes fond sur lui et de ses deux
nerveux bras lui enfonce, toute rouge encore, la barre de fer
dans la gueule, qui bientôt pénétra jusque dans ses entrailles.
Aux hurlements du féroce animal, l'enfant jeta un affreux cri
d'effroi ; mais Lolkes, voyant le lion blessé à mort, s'empare
du pauvre enfant et va le remettre dans les bras de sa mère qui,
aux cris de la multitude, était accourue sur la place.

Lolkes soudain est entouré d'un grand nombre d'individus
qui louent son admirable action, que l'exiguïté de sa taille semblait rehausser encore. Au même moment le père arrive, il
apprend comment son enfant a échappé à une mort certaine.
L'admiration et la tendresse paternelle le suffoquent ; et dans
l'excès de sa joie il emmène Lolkes chez lui et le comble de bénédictions. Toute triomphante, sa femme le suit, portant dans

ses bras son enfant qu'elle dévore de caresses et couvre de baisers.

M. et madame Van-Berlem (c'est le père et la mère de
cet enfant) avaient une jeune fille de seize à dix—sept ans très-
remarquable par les agréments répandus sur toute sa personne
et surtout par la beauté de sa figure. Elle aimait son petit frère
comme s'il avait été son propre enfant. Wibrand Lolkes, qui
était déjà depuis plusieurs années à Amsterdam, avait atteint
presque ses dix-huit ans. La première chose qui le frappa en
entrant chez M. et madame Van-Berlem, ce fut leur fille,
mademoiselle Hélène. Au récit que l'on fait de l'événement qui
vient d'arriver, elle fond en larmes, et prenant des bras de sa
mère son pauvre petit frère, elle ne se lassait de le regarder,
songeant à l'effroyable danger qu'il avait couru.

Elle témoigna à Wibrand Lolkes une reconnaissance si vive
que celui-ci en fut très-vivement touché.

Comme on le pense bien, il continua de fréquenter cette famille, qui ne cessait de lui faire le plus favorable accueil. Quelque temps se passa ainsi. Mais Lolkes avait conçu pour mademoiselle Hélène un amour non moins tendre que vif, il conçut
même l'idée d'en faire sa femme.

Depuis qu'il était chez M. Van-Galen, il s'était très-bien conduit, et celui-ci n'en rendait que de très-bons témoignages. Il
ajoutait même que Wibrand Lolkes avait acquis des connais-
sances très-distinguées dans l'art de l'horlogerie.

Ce fut lui que Lolkes choisit pour faire la demande en ma-

riage de mademoiselle Hélène. Sa démarche ne fut pas sans succès, et au bout de quelques jours, il apprit à son élève que
M. et madame Van-Berlem avaient fait part de ses intentions
à leur fille et qu'ils continueraient de le recevoir.

Mademoiselle Hélène, remarquable par sa beauté, comme
nous l'avons déjà dit, avait fixé l'attention d'un gros Allemand
qui se trouvait en Hollande par suite des guerres qui avaient
eu lieu sous la régence du duc Louis de Brunswick. M. Stokell
avait appris, sans savoir pour quel motif, que Lolkes fréquen-
tait la famille Van-Berlem. Pour s'y introduire il se met en tête
de se servir du nain. Mais comment faire? A quel moyen avoir
recours? « Ah! j'y suis, se dit Stokell... l'amour rend tout le
monde inventif. » C'est vrai, même un gros Allemand.

Un jour donc il entre dans l'atelier de M. Van-Galen, et présente à Lolkes une montre qu'il avait achetée à Genève, et à laquelle il disait tenir autant qu'à ses yeux. Cette montre avait
besoin d'une réparation. Lolkes l'examine et dit à Stokell ce
qu'il y avait à y faire. Celui-ci, le moins maladroitement que
cela lui fut possible, amena la conversation sur les dames hol-
landaises en général, et sur les Amsterdamoises en particulier.
Enfin, il en vint à parler de mademoiselle Hélène et de la passion qu'elle lui inspirait. La première pensée de Lolkes fut de
se déclarer de suite comme son rival... mais non... une seconde
de réflexion le fit changer d'avis. Il feignit de se prêter à tout
ce que voudrait entreprendre Stokell, et celui-ci voulait beaucoup entreprendre !

« Revenez me voir demain, lui dit Lolkes, et je saurai vous
en dire plus qu'aujourd'hui. »

Sur ce, notre gros Allemand sort, tendant le jarret en signe
de satisfaction, et croyant
déjà tenir son amoureuse
proie.

Il n'est pas plus tôt parti
que Lolkes se dit : « Ah!
mon gros Allemand, tu
crois que les choses se passeront selon tes désirs...
Non, non, et je t'en mé-
nage une belle dont tu
conserveras le souvenir,
je t'en réponds. »

Lolkes connaissait de tout point la maison qu'habitait la famille Van-Berlem; il y était connu et pouvait s'y introduire à
peu près quand il le voulait, sans faire planer sur lui aucun soup-
çon. Cependant, cette fois, comme il s'agissait d'y entrer la
nuit, il mit le concierge dans sa confidence.

Notre nain va acheter une très-forte manne en osier garnie
de deux anses très-solidement établies, puis une forte corde.

A la maison qu'habite mademoiselle Hélène, il y a, au dernier étage, une barre de fer scellée dans le mur au-dessous de
l'entablement, et à l'extrémité de cette barre de fer une poulie.

Le surlendemain, Stokell, avec un air satisfait de lui-même,

et, léger... comme un papillon en bottes fortes... dit à Lolkes :
« Eh bien! cher ami, où en sommes-nous? — Mais notre affaire
va très-bien ; vos vœux, heureux mortel que vous êtes, ne sont
pas rejetés : dans deux jours vous n'aurez plus rien à désirer ;
seulement, il faut me promettre d'avance de vous confier à moi,
et surtout de n'avoir pas peur. — Peur, moi! et dans une circonstance pareille! — Ah! je conçois, dit Lolkes. Eh bien, mademoiselle Hélène consent à vous voir, mais cette entrevue ne peut
avoir lieu le jour... vous comprenez... la sévérité des parents?:..
— Oui, oui, mais comment donc! c'est trop juste. — Très-bien,
je vois que vous entendez les choses. Monsieur Stokell, écoutez-
moi, et convenons de nos faits. Après-demain trouvez-vous à
deux heures précises du matin au pied de la maison qu'habite
mademoiselle Hélène... deux heures du matin, ne confondez
pas... là, vous trouverez une manne en osier, aux anses de laquelle une corde divisée à son extrémité sera attachée ; vous
vous mettrez dedans, et vous ne soufflerez pas le plus petit
mot... le moindre bruit vous serait funeste. »

Stokell, avec joie, consent à tout. En reconnaissance il voudrait, mais il n'ose, offrir une bourse bien garnie à Lolkes ; néanmoins, pendant que celui-ci s'était détourné, il parvint à la dépo-
ser sur le coin d'un établi, mais Lolkes voit le mouvement et se
dit : « Bon! tu t'en repentiras. — Ah! à propos, votre montre est
prête, monsieur Stokell ; prenez-la... il faut être exact. — Merci,
merci bien, » lui répondit Stokell.

Notre Allemand, on le pense, fut au rendez-vous à la minute. Lolkes, non moins exact, était à son poste, c'est-à-dire au dernier étage de la maison, à la croisée où est placée la pou- lie en question. Il regarde par la fenêtre, et comme il fait un clair de lune su- perbe il lui est facile de s'assurer si son rival est bien dans la manne. Il l'a- perçoit : alors de ses deux vigoureux bras, et en un clin d'œil, il vous hisse notre amoureux jusqu'au deuxième étage, attache intérieurement la corde à un poteau ; puis, revenant à la croisée, il crie à Stokell :

« Eh bien ! comment vous trouvez-vous là ?... la montre que je vous ai réparée va admirablement bien, vous pourrez constater juste le temps que vous y aurez passé. Ah ! à propos, j'oubliais... tenez, à vous ! c'est la bourse que vous avez déposée sur l'établi, croyant que je l'accepterais... Si la faim vous gagne, vous pour- rez vous faire apporter un potage du restaurant voisin ; s'il est trop chaud vous n'aurez pas besoin de souffler dessus, vous êtes en plein air. »

La colère, la rage était dans le cœur de Stokell ; mais que faire là, ainsi suspendu ? Du bruit ? ah ! ce serait bien une autre affaire !

Mais un malheur, comme on dit, n'arrive jamais sans un autre malheur. Voilà qu'à la pointe du jour passe la patrouille, et
que l'on prend Stokell pour un voleur ; et depuis sept ans au
moins aucun voleur n'ayant été pris de nuit dans la ville
d'Amsterdam, rien n'égalait la joie de cette patrouille : elle allait mériter les éloges de l'autorité !

Enfin, on descendit notre gros Allemand' au milieu d'assistants placés aux fenêtres des maisons ou réunis sur la place. On
l'incarcéra d'abord, et ce ne fut que sur des explications bien
positives qu'il fut relâché.

Stokell devint à tel point la risée de la ville d'Amsterdam,
qu'il fut obligé de fuir, se promettant bien, dorénavant, d'y regarder à deux fois avant de faire des tentatives de séduction.

Un an à peu près se passa, et mademoiselle Hélène Van-Bermer devint la femme de Wibrand Lolkes, qui alla s'établir horloger dans la ville de Rotterdam. Mais, malgré une certaine
habileté dans sa profession, la fortune ne lui sourit pas. Lolkes
avait alors des enfants, et nous garderons bien d'omettre, leur
père étant nain, de dire qu'ils étaient bien constitués. Cette
charge lui fit prendre la résolution de parcourir l'Europe, et de
tirer parti de la force musculaire que la nature lui avait donnée.

En 1790, il se rendit en Angleterre et parut sur différents
théâtres, où sa force fit sensation et attira la foule.

On rapporte qu'un jour, se rendant à l'un des théâtres de
Londres, il fut témoin d'une querelle qui avait éclaté entre le
propriétaire d'une maison de commerce et le conducteur d'un

33

haquet. Celui-ci avait placé son haquet tellement près de la
porte d'entrée, qu'il était très-difficile au public de pénétrer
dans cette maison. Malgré toutes les observations qu'on lui fit,
l'homme au haquet ne voulut faire aucune concession. Lolkes
s'en mêla, et lui intima, du ton le plus impératif, de déranger sa
voiture. Cet homme, d'une haute stature, se prit à rire de pitié,
et dit à Lolkes : « Allons donc, extrait d'homme! à ta taille on
croirait que tu tettes encore, et tu veux parler en maître! » A
cette raillerie amère, Lolkes fait signe à quelques assistants de se
déranger, puis, saisissant un petit banc en bois qui se trouve là,
sous sa main, il le place au-dessous du moyeu d'une des roues
du haquet, monte dessus, et soulevant le haquet de son épaule
vigoureuse il le renverse, à la grande surprise des assistants.

Le conducteur du haquet, horriblement humilié d'être l'objet de la risée publique, s'avance vers le nain comme pour se
venger; mais Lolkes, qui avait à la main le banc dont il s'était
déjà servi, s'approche vivement de l'homme à l'équipage ren-
versé, se grandit au moyen de ce banc, saisit ou plutôt ente-
naille les deux poignets de son homme, puis, le maintenant ainsi
en respect, dit au public :

« Ne vous gênez pas, prenez votre temps pour examiner
monsieur : il n'y a pas de danger qu'il se sauve, allez! »

Au bout d'un instant Lolkes continua sa route, et chacun le
suivit de l'œil.

Après avoir mené, toujours accompagné de sa femme, pendant plusieurs années, une vie assez aventureuse, Lolkes re-

tourna à Ielst, son pays natal, avec assez d'aisance, dit l'histoire, pour y vivre heureux et tranquille au sein de sa famille,
mais passant toujours à dix lieues à la ronde, et à juste titre,
pour un homme qui réunissait deux choses qu'on rencontre si
rarement, l'exiguïté et la force herculéenne.

X

UN CAPITAINE DE GENGIS-KAN.

u douzième siècle, la Tartarie, sous le règne de Gengis-Kan, a donné le jour à un célèbre nain nommé Casan. Né de parents obscurs et fort insouciants sur l'avenir de leurs enfants, ce jeune Tartare passa ses premières années, non pas dans l'inaction, son caractère était vif, emporté, bouillant, mais dans les jeux les plus bruyants, sans que jamais on cherchât à mettre un frein à sa volonté, qu'il faisait dominer à tout prix ; c'est sur-

54

tout quand il était avec les jeunes Tartares qu'il réunissait autour de lui que l'on pouvait le juger. Toujours placé à leur tête,
il les commandait en toute chose avec ce ton bref et concis,
indice de l'énergie qui, par la suite, doit se déployer dans
certains hommes. Un jour, à la tête de sa petite troupe armée
d'arcs garnis de leurs flèches, il allait à la chasse et faisait des
excursions assez lointaines; s'il se trouvait sur son passage
quelques habitations isolées, il parlait de les prendre d'assaut, et
ses jeunes compagnons ne disaient pas non; une autre fois il or-
donnait à ses soldats, comme il les appelait, et toujours avec
un très-grand sang-froid, de fabriquer une nacelle, afin de
n'être pas, au besoin, embarrassé pour passer une rivière. Aussitôt les jeunes compagnons de Casan recrutaient de toutes parts
les outils et les matériaux nécessaires et se mettaient à l'œuvre; et
en peu de temps une nacelle, selon la coutume du pays, est con-
fectionnée avec des peaux d'animaux. Sans perdre de temps elle
est lancée, aux acclamations les plus bruyantes, sur la rivière
la plus voisine. Les camarades de Casan peuvent à peine contenir leur joie, mais lui reste calme, froid même, et se contente
de dire : « C'est bien, je suis content, satisfait de vous ; demain
nous aviserons à vous apprendre autre chose. »

Enfant de la nature et vivant selon sa volonté, c'est ainsi
que Casan passait ses jours. Il employait bien plus ses nuits à
faire des projets pour le lendemain qu'à dormir. Il voulait absolument que sa petite troupe apprît à monter à cheval. Un
matin, de très-bonne heure, il la rassemble; puis, prenant son

ton tranchant : « Il faut être à tel endroit à telle heure. — Et pourquoi faire? dit l'un des siens. — Je n'ai point à vous le dire maintenant, répondit Casan en le regardant en face. Obéissez. » La troupe part sans mot dire, Casan à sa tête.

Il arrive à un endroit très-renommé par la beauté et la bonté de ses pâturages, endroit où l'on élève des chevaux d'une race très-recherchée et d'une grande valeur. Casan ordonne à ses compagnons d'entrer vivement dans ce haras, de monter chacun un coursier et de gagner la plaine. Le premier il donne l'exemple. En un instant l'ordre est exécuté, et nos cavaliers sont en ligne. Arrivé sur une pelouse superbe, Casan les exerce, les aguerrit à ce nouveau genre d'exercice. « Si un jour, leur dit-il, il faut que nous fassions la guerre, on trouvera en moi et en vous, camarades, des soldats tout formés. » Mais pendant ce temps on s'était aperçu de la disparition des chevaux ; déjà le propriétaire, Tin-King, allait porter plainte aux autorités supérieures, lorsqu'il vit revenir ses chevaux montés et dirigés par des enfants que commandait un nain; son aplomb, son air assuré, fixèrent son attention. Il allait parler, mais Casan le devança. « Nous n'avions pas, lui dit-il, l'intention de nous approprier vos chevaux ; mais je voulais apprendre à mes hommes, que voilà, à monter à cheval ; cela, selon moi, est très-utile. Est-ce vous, qui les élevez, qui appréciez tout ce que valent ces superbes animaux, qui le trouverez mauvais? non ; vous devez désirer, au contraire, qu'ils soient appréciés de plus en plus ; et pour qu'on les apprécie, il faut qu'on sache les uti-

liser et s'en servir. » Le propriétaire, en entendant le jeune
nain tenir ce langage, était tout stupéfait et ne savait que ré-
pliquer. Mais tout à coup prenant son parti et se ravisant, il
dit : « Tu me parais être un garçon de cœur et d'avenir, reviens
me voir avec tes camarades, et nous vous ferons faire une plus
ample connaissance avec ces coursiers, qu'eux et toi semblez
tant affectionner. » Tous nos cavaliers acceptèrent d'un commun
accord. Ils mirent pied à terre, et Tin-King les invita à déjeuner.
C'était une chose fort plaisante de voir Casan au milieu de ses
camarades, prenant un air de triomphateur, et leur faisant comprendre que s'il était tout petit, il n'en croyait pas moins à une
belle destinée.

Le moment où elle devait commencer à s'accomplir, cette destinée, n'était pas très-éloigné. Gengis-Kan songeait à entreprendre cette gigantesque et célèbre expédition contre l'empire
chinois. Toute la Tartarie retentissait de ce bruit. Casan, tout
ému de cette nouvelle, résolut qu'un jour où Gengis-Kan paraî-
trait en public, il lui adresserait la parole pour lui demander,
quoique jeune encore, à faire partie de son armée. Une circonstance favorable ne tarda pas à se présenter. Gengis-Kan devait
passer une revue. Casan, en toute hâte, se fait faire un uniforme
de cavalier tartare, va trouver Tin-King, qui l'avait si bien ac-
cueilli, lui confie son projet, le prie de lui prêter le plus beau
de ses chevaux ; celui-ci applaudit, consent à tout, et lui donne
même un écuyer pour l'accompagner. Le jour fixé pour la revue ne tarda pas à arriver. Casan, avec cette audace qui s'est

assez largement dessinée dans plusieurs circonstances, témoin celles que nous avons rapportées, monte sur son coursier, fend la foule, va droit à Gengis-Kan, et lui tient ce langage : « Prince du grand Empire, vous allez entreprendre une guerre où votre gloire s'éternisera ; heureux vingt fois les capitaines qui seront à vos côtés ou sous vos ordres ; à l'aide de votre génie et de votre grand nom, les temps les plus reculés ne les oublieront pas. Quoique disgracié par la nature, je me sens de force à être un de ces hommes-là, et je viens vous offrir mon bras. Je n'ajouterai plus qu'un mot, c'est que vous me mettiez à même de prouver que mes actions justifieront mes paroles. » Gengis-Kan, homme cruel, despote à la volonté de fer, se connaissait en hommes ; l'attitude ferme de Casan lui plut ; il applaudit à cette noble confiance que le nain avait de lui-même, et lui dit : « J'accepte tes offres dès ce moment ; tu feras partie de l'armée qui va conquérir la Chine ; tu vas partir, et tu auras un commandement. » Ces mots, tombés de la bouche du grand Gengis-Kan en présence d'une multitude de soldats, produisirent un effet qu'en vain nous chercherions à rendre. Quant à Casan, sa figure, quoique laide, monstrueuse même, s'était animée à tel point, que tout son caractère s'y peignait ; ses yeux renfoncés, et qu'ombrageaient de gros sourcils, semblaient une étincelante lumière dans un point ténébreux. Quand ses parents, qui n'étaient que de pauvres artisans, apprirent la fortune de leur enfant, ils furent comme anéantis et pétrifiés.

Gengis-Kan devait commander en personne l'armée qui devait franchir la célèbre muraille de la Chine, qui a pour les peuples modernes quelque chose de miraculeux, voire même de fabuleux, et au sujet de laquelle tant de savants se sont évertués... sans nous en avoir appris davantage pour cela... du moins à ce que disent d'autres savants. L'ordre de partir fut expédié à Casan. Il fait ses adieux à sa famille, et n'oublie pas le marchand de chevaux, Tin-King, qui lui laissa le cheval qu'il lui avait prêté pour se présenter à Gengis – Kan.

Voilà donc le rêve de Casan réalisé : il commande à des hommes!

Au bout de très-peu de temps il se fait remarquer par une valeur extraordinaire; il était toujours là où il y avait du danger, semblant se multiplier à l'infini; une activité surnaturelle faisait qu'il pouvait être chargé de considérablement de choses à la fois. Tant de qualités guerrières ne pouvaient échapper à Gengis-Kan. Il le fit mander. « Casan, lui dit-il, ton courage et ta vaillance ont complétement justifié tes promesses; dès aujourd'hui je reconnais ton mérite; je veux faire une grande exception en ta faveur, je te confie un noble titre, je te nomme grand khan de Tartarie. Tu dois dès ce moment prendre le com-

mandement d'un corps d'armée composé de deux cent mille Tartares ; tu seras un de mes compagnons d'armes, et la postérité
dira que Casan le nain a aidé Gengis-Kan à conquérir la Chine! »

Voilà donc le nain Casan arrivé au faîte des grandeurs. Mais
si le titre de grand khan le satisfait, il lui manque encore quelque chose : il était insatiable de gloire ; celle qu'il acquérait lui
en faisait désirer une nouvelle.

Enfin, de victoire en victoire, l'armée de Gengis-Kan arriva
sous les murailles de Pékin. Avant d'entrer dans la ville, Casan
voulait s'assurer de certaines choses ; mais il craignait tant d'ê-
tre trompé et de perdre la confiance de Gengis-Kan, que, dans
ces graves circonstances, il n'hésita pas à jouer tous les rôles,
et à faire par lui-même ce qu'un autre eût confié sans hésiter à
des mains étrangères et subalternes. Il se détermina donc, au
moyen d'un déguisement chinois qu'il s'était procuré, à pénétrer jusqu'à Pékin. Là, il fut à même de savoir ce que pensaient
les grandes autorités de l'expédition de Gengis-Kan ; mais sa
supercherie fut découverte par un mandarin, qui le fit traduire
devant ceux des mandarins composant le tribunal. Les manda-
rins-juges décidèrent que l'on garderait Casan, parce qu'au besoin il pourrait servir à imposer quelques conditions. Du reste,
on ne le traita pas mal ; sa table était très-bien servie ; selon l'u-
sage établi à la Chine, l'eau, comme boisson, était remplacée
par le thé. Il excitait la curiosité à un très-haut degré ; c'était à
qui obtiendrait la faveur de le visiter. Une grande renommée et
de grands honneurs, comme on dit, font oublier bien des dé-

fauts, même ceux physiques. Mesdames et mesdemoiselles les
Chinoises avaient aussi voulu voir Casan ; quelques-unes seulement y parvinrent. Au nombre de celles qui obtinrent cette faveur, Tjiou-Tjeun-Bendzingine, l'une des filles de l'un des man-
darins-juges qui avaient décidé que l'on garderait Casan, avait
obtenu, par sa position, de causer assez librement avec lui. Casan, audacieux en tout, fit l'aimable avec la belle Tjiou-Tjeun-
Bendzingine. Elle lui donnait des notions sur les mœurs chinoises, et lui sur celles des Tartares. Mais un homme tel que
Casan ne devait pas se laisser prendre facilement dans les filets
de l'amour, même dans ceux d'une Chinoise. Tout de sa part,
disons-le, ne fut donc qu'une feinte. Mars et Vénus (sans com-
paraison de physionomie s'entend) jouaient donc au plus fin.
Quand Casan crut que le cœur de la belle Chinoise était pris, il
se hasarda à lui demander, comme une faveur particulière, une
certaine quantité d'opium pour son usage particulier ; après
quelques difficultés, Tjiou-Tjeun-Bendzingine se laisse gagner.
« Ce n'est pas tout, lui dit Casan, j'aurais absolument besoin
d'un habillement de Chinoise à ma taille ; c'est une idée qui
vous paraîtra bizarre, singulière ; mais vous êtes si bonne pour
moi, vous m'inspirez tant de confiance, que je vous confie mes
caprices ; après viendront mes plus intimes pensées. » Bendzingine supposa que Casan voulait sortir secrètement pour aller la
voir ; mais ce n'était pas l'amour qui dominait le cœur du Tartare : c'était le démon de la guerre. Bendzingine trouva le moyen
de faire parvenir à Casan ce qu'il lui avait demandé. « Bon !

dit celui-ci, je tiens tout. Avec l'opium je vais endormir mes
gardiens; puis je m'habille en Chinoise, et je retourne au milieu des miens. Ce qui fut dit fut fait. Casan donc, habillé en
Chinoise, arrive au milieu d'un corps d'armée formidable, qui
déjà commençait à s'inquiéter de son absence.

. Je vous le demande, chers lecteurs, quel effet dut produire
Casan ainsi affublé? Toute l'armée ne put s'empêcher d'en rire,
et Gengis-Kan lui-même sourit... peut-être pour la première
fois. Casan seul avait gardé son sérieux ; ce qu'il s'était proposé
l'occupait, dominait sa pensée. Il rendit compte à Gengis-Kan
lui-même de ce qu'il avait appris, et celui-ci alors redoutait peu
l'entrée de son armée à Pékin. Casan passa dans une tente et
reprit son costume de grand khan de Tartarie, et cela sans la
moindre envie de rire.

Au bout de quelques jours on voyait Casan animé comme un
lion et donner l'exemple aux Tartares, en montant l'un des premiers à l'assaut, pour franchir, avec l'armée, la grande muraille de la Chine, l'un des plus grands événements de la vie de
Gengis-Khan et qui marqua l'année 1209, dans laquelle il l'ef-
fectua.

Gengis-Kan, enhardi par d'aussi éclatants succès, étendit sa
conquête jusqu'au fleuve Jaune. Puis, poursuivant le cours de
ses succès, l'Asie centrale passa sous sa domination et fut sou-
mise à ses lois. Par suite de ces conquêtes, la Transoxiane, le
Koraçan et la Perse furent ruinés. D'un côté, ses armées conti-
nuaient la guerre en Chine ; de l'autre, elles mettaient à feu et à

sang les bords du Siude et de l'Euphrate ; la Crimée était envahie, la Russie en partie ravagée et les Bulgares attaqués.

Eh bien ! Casan, le nain tartare, prit part à presque toutes ces guerres, et né pour la vie des camps, la fatigue chez lui ne s'était pas encore fait sentir.

L'homme qui l'avait élevé à la dignité de grand khan de Tartarie tint, dans les plaines de Toncat, une cour plénière triomphale. Le luxe asiatique et la barbarie tartare y offraient un singulier mélange. Tous les khans et leurs vassaux étaient placés sur des chariots scythes drapés d'étoffes précieuses et ornés de l'or et des pierreries de tous les peuples vaincus. Casan, dans cette cérémonie, était placé à côté de celui des fils de Gengis-Kan, qui, dans cette circonstance, fit présent à son père de cent mille chevaux. Ce qui faisait le plus de plaisir à Casan, c'était de voir son maître recevoir les adorations de plus de cinq cents adorateurs des pays conquis.

Enfin, après tant de rudes campagnes, Gengis-Kan fut atteint d'une maladie et mourut en 1227. A son lit de mort il était entouré de ses fils et de Casan, à qui il recommanda d'achever la conquête du monde. A ce dernier mot, Casan tressaillit ; une de ses mains tomba dans celle de Gengis-Kan, qui la lui pressa fortement en répétant : « Achevez la conquête du monde ! »

Mais l'âme de la guerre venait de s'éteindre, et Casan ne prit plus part qu'aux expéditions contre la Russie, la Pologne et la Hongrie.

Il retourna à Karokarum, son pays. Selon l'usage, il avait une tente de feutre posée sur un chariot traîné par des bœufs. Là, on lui rendait de très-grands honneurs qu'il recevait avec beaucoup de modestie, ce qui n'est commun dans aucun temps, que l'on soit nain, de taille moyenne ou géant.

XI.

UN GENTILHOMME POLONAIS.

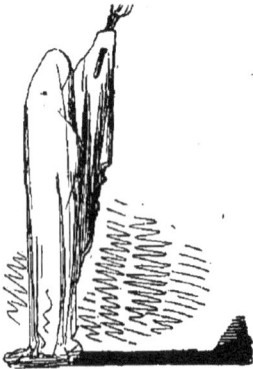

e gentilhomme polonais Boryslawski n'a-
vait à l'âge de vingt-deux ans que vingt-
huit pouces de hauteur ; mais, d'une santé
parfaite, il résistait à la fatigue et levait
avec facilité des poids qui paraissaient
considérables pour sa structure. Il possédait en outre toutes les grâces de l'esprit,
une mémoire excellente et un jugement
très-sain. Il parlait plusieurs langues ; il écrivit lui-même son
histoire, et sa réputation devint européenne.

Ce fut la comtesse Humiecska, sa compatriote, qui le reçut

lors de son séjour à Paris. Nombre de Polonais se réunissaient chez elle... L'un d'eux, le comte Perzinska, grand, vieux, sec, élancé à désespérer les aiguilles de Cléopâtre, la poursuivait quotidiennement de ce qu'il appelait son attachement ; mais la belle veuve ne goûtait que fort peu les avances du comte Perzinska...

Cependant l'heure des folles entreprises vient de sonner... une lumière brille encore dans l'appartement de la comtesse... qu'importe ?... Il avance donc, perdu dans les plis de son vaste manteau couleur de muraille, se remémorant, pour s'occuper l'esprit, tout ce qu'on a fait de mieux dans ce genre. Tout en rêvant de la sorte, il donna du rebord de son feutre dans un mur... c'était celui de l'hôtel Humiecska... Si bien montée que fût son imagination, la réalité ne laissa pas que de la refroidir un peu... « Bah !.. bah !... » se dit-il, comme un poltron qui se grise pour montrer du cœur... et profitant de sa haute taille, il atteignit au balcon de la comtesse. Elle venait, le soir même, de recevoir le nain Boryslawski, à qui elle avait fait préparer une chambre dans son hôtel. Un léger bruit se fait entendre ; un valet informe la comtesse ; en deux mots elle met au courant Boryslawski, qui lui demanda si elle voulait bien lui permettre de recevoir à sa fantaisie le comte Perzinska,

qu'au reste il ne connaissait point. « Mon Dieu, je vous l'aban-
donne avec joie, si vous me promettez de le rendre victime de
quelque bonne mystification.—Je vous jure que je vais lui en ménager une, et des plus fantastiques.—Je me retire donc... » Et le
nain, resté seul, éteignit la lumière et s'installa sur le sofa de la
comtesse. Le comte, las de chercher à s'introduire sans bruit,
voyant au reste la lumière éteinte, cassa un carreau, fit jouer
l'espagnolette, et se précipita dans la chambre. « Ah! mon
Dieu! qu'arrive-t-il? dit le nain dans sa langue maternelle et
profitant de son organe un peu grêle pour imiter à ravir la voix
d'une femme épouvantée. — C'est moi, le comte Perzinska. »

Vite le nain organise ses batteries.

« Vous connaissez comme moi, dit-il, nos vieilles croyances
polonaises, vous connaissez les sorciers et les devins qui prédi-
sent chez nous, et depuis si longtemps, l'avenir à la jeunesse...
— Sans doute..., je connais toutes ces superstitions et beaucoup
d'autres encore, charmante comtesse; mais je ne devine point quel
rapport... — Vous l'allez deviner : un jour, j'ai ri de toutes ces
croyances, je les ai traitées de billevesées; mais le grand sorcier
Twardowski m'en a cruellement punie... — Vous... mais comment? fit le comte, dont l'esprit se brouillait sensiblement. —
Comment?... et Boryslawski poussa un profond soupir... Mais
que me sert de gémir, reprit-il aussitôt, et surtout de cacher à
tous la triste situation où je suis depuis quinze ans? car j'en avais
vingt à l'époque de cet affreux sortilége, qui fait que toutes les
nuits je me trouve métamorphosée en gros chat noir... dit le

nain en sanglotant cette fois... — En gros chat noir! —
Ah çà, comtesse, que diable venez-vous de me raconter là? —
Je le vois... vous suspectez mes paroles... mais prenez garde...
Eh bien, dit le nain avec vivacité... je suis là... couchée sur
ce sofa qui est à deux pas de vous... Prenez-moi dans vos
bras, et vous verrez bien si j'ai ma forme ordinaire. Il s'avança
donc avec joie et souleva Boryslawski, qui, haut de vingt-huit
pouces et couvert de sa pelisse et de son bonnet de voyage, le tout
garni de zibeline à l'extérieur, avait juste l'apparence et la pesanteur d'un gros chat. — O ciel!... ne suis-je pas le jouet d'un
rêve? — Hélas! non; je n'ai plus rien d'humain que la parole,
fit le nain... se cramponnant à l'habit de ce pauvre Perzinska.
Et mes moustaches.... sentez-vous? — Mon Dieu! mon Dieu!
— Et mes ongles rétractiles... » Et Boryslawski, pressé d'en
finir avec le comte, fit mine de s'agripper à lui pour changer
de posture et l'égratigna vigoureusement..... Le comte
poussa un effroyable cri. « Mais
quoi! vous me fuyez... en emportant
mon secret... Il n'en sera point ainsi. » Et le nain s'élança sur le comte
avec une légèreté capable de faire
beaucoup d'honneur à la race des fé-
lins qu'il représentait en ce moment...
Celui-ci se reculait d'instinct, ren-
versant plusieurs meubles et quan-
tité de menues porcelaines... Boryslawski, dans le seul but de

pousser à la couleur locale, se mit durant cette poursuite à miauler de dix manières. « Mais c'est le démon en personne que j'ai à mes trousses... » dit enfin le comte aux trois quarts fou... et cherchant une issue à tâtons... Tout à coup la porte s'ouvrit pour donner passage à la vraie comtesse Humiecska et à ses nombreux domestiques, tous vêtus en fantômes et portant des flambeaux... Peindre l'étonnement et la frayeur du comte à cette vue serait tout à fait impossible. « Infâme séducteur!... crie-t-on de toutes parts, sors, ou les hommes qui t'entourent vont t'emporter chez le grand, l'éternel Twar-

dowski! » Enfin le pauvre Perzinska enjamba le balcon au milieu des cris et des huées.

C'était vraiment une chose curieuse de voir fuir ce pauvre comte. On rapporte que cette aventure produisit sur lui un tel effet, qu'il en résulta pour sa personne une insomnie prolongée. Enfin il se décida, sur les conseils d'un esculape de réputation, à changer de climat, dans l'espoir de trouver le repos ; mais on assure qu'il fit le tour du monde sans y parvenir. Voyez un peu ce que c'est que de se risquer dans les aventures nocturnes !

XII

LE GÉNÉRAL TOM-POUGE.

c qui ou de quoi parle tout le monde?... Se-
rait-ce par hasard qu'on vînt de découvrir
un véritable centaure, une femme sans pé-
chés, une vraie sirène, ou bien quelques débris
tout-puissants de la lampe merveilleuse? —
Point. — Alors c'est quelque brave esculape
qui, virant de bord, vous ressuscite poli-
ment les humains? — Erreur! — J'y suis... c'est une loi nouvelle qui contraint les auteurs, sans nulle exception, de faire

preuve d'esprit et de sens une fois au moins dans leur existence,
et qui leur interdit de se réunir par meutes pour l'élucubration
d'une même œuvre. — Bah ! bah ! Qui pense à ces gens-là ? —
Mais qu'est-ce donc ? — Mon cher, c'est un nain, mais un nain
si petit qu'il vous tiendrait dans l'œil. — Dans l'œil !... et vous
avez cru cela ? — Je le crois encore. — C'est quelque histoire
qu'on vous a forgée. — Nullement ! je tiens la chose d'une personne bien informée, et qui prétend que sa voiture est prise
dans une coquille de noisette, et traînée par des fourmis en-
graissées tout exprès ; qu'il n'est pas lui-même plus gros qu'une
guêpe ; que le tuyau de sa pipe est fait d'un cheveu d'enfant et
le fourneau d'un grain de millet. — Et on le dit bonne personne
avec ça ? — Très-bonne personne. — Tel était le sens des discours qui se répétaient, dans le courant de mars 1845, par les
bons Parisiens. Le général Tom-Pouce avait eu le privilège de
triompher en un jour de l'indifférence du peuple le plus blasé,
le plus spirituel, le plus capricieux, le meilleur et le plus cruel,
le plus railleur et le plus naïf de la terre ; de ce pauvre peuple
qui, après avoir ri de ses voisins, rit de lui-même pour passer
le temps ; de ce pauvre peuple qui, la bouche pleine des senten-
ces de Molière, court aux plus épais mélodrames, et applaudit
des costumes jaunes et des forêts bleues... Mais qu'est-ce, au
fait, que ce général Tom-Pouce ?

Eh ! mon Dieu, c'est un pauvre petit diable, haut de vingt-
cinq pouces anglais, dont la tête est forte proportionnément au
reste du corps, les cheveux blonds et médiocrement fournis, le

front plus saillant que le nez, la bouche petite et rieuse, l'œil radieux, les jambes menues, les bras petits, les mains fines et les pieds fins, la poitrine plus épaisse que large, à la manière de certains gallinacés, et dont l'ensemble inspire aux uns de jolis éloges, aux autres une amère critique. Son passage en Amérique, sa patrie, car j'oubliais de consigner ici qu'il naquit à Brige-Port, Connecticut, le 11 janvier 1832, fut une longue suite de triomphes...

Sa rencontre avec le major Stévens, haut de 4 pieds anglais, étonna considérablement ce dernier, qui s'écria, après un moment de silence : On peut me faire voir maintenant, mais c'est comme un géant... Au musée américain, à New-York, il a été visité par plus de 80,000 personnes ; à Philadelphie, à Boston, Baltimore, Charlestown, etc., ses succès n'ont pas été moins remarquables. .

Arrivé en Angleterre, il eut l'honneur de paraître, accompagné de son exploiteur, devant Sa Majesté la reine, dans son palais de Buckingham, et aussi devant Sa Majesté la reine douairière, à Marlborough-House.

Il fit le plus grand plaisir à Sa Majesté, au prince Albert, et à la duchesse de Kent, tant par ses reparties qu'en imitant les attitudes des statues grecques. Cette visite fut suivie de deux autres, dans lesquelles le nain parut en outre devant la reine des Belges, Sa Royale Hautesse le prince de Galles, les princesses royales et la princesse Alice, avec leurs suites et un grand nombre de hauts personnages, qui avaient reçu de Sa Majesté la

reine Victoria l'invitation de venir examiner ce nain extraordinaire.

Dans ces représentations, le nain, pour chatouiller le cœur de
nos rancuniers voisins d'outre-mer, parut dans le costume de
l'empereur Napoléon... Il est inutile de souligner que ce pauvre
Tom-Pouce pensa devenir sourd des applaudissements qu'il reçut pour cette misérable profanation.

Avant de congédier le mirmidon, la reine lui remit, de sa propre main, un superbe souvenir en nacre de perles enrichi d'or
et de pierres précieuses, portant d'un côté les initiales de Sa Majesté, V. R., et de l'autre un bouquet de fleurs fait de diamants
et de rubis... de même qu'un magnifique porte-crayon en or,
aux initiales de Tom-Pouce.

Il reçut le même accueil au château de Marlborough, où il fit
les délices de Sa Majesté la reine Adélaïde, de Sa Grâce le duc
de Glocester... Sa Majesté lui offrit une montre et une chaine
appropriées à sa taille. Les enfants de l'Ecole militaire de Chel-
sea, appelée vulgairement l'école du duc d'York, lui rendirent
visite collectivement ; cette armée de Lilliputiens, composée de
300 petits garçons avec leurs armes et leurs drapeaux, lui causa
quelque surprise... Sur la proposition que leur en fit Tom-
Pouce, ils finirent par entonner le chant national des Anglais,
le *God save the Queen.*

Les enfants de royal-hôpital School, à Greenwich, lui firent
la même politesse.

Enfin le dimanche soir, 23 mars 1845, le général Tom-

Pouce, accompagné de son guide, eut l'honneur d'être reçu aux Tuileries par Leurs Majestés le roi et la reine des Français.

Dans cette séance qui dura plus d'une heure , le nain répéta ses petites manœuvres , c'est-à-dire qu'il reproduisit, sans reprendre haleine , le combat de David et de Goliath , la lutte du Gladiateur, Samson ébranlant les colonnes du Temple, Hercule terrassant le lion de Némée, etc., etc... Puis il s'avisa de paraître sous le plaid des montagnards écossais, et mania la claymore fort habilement. Une dame se mit à le questionner ainsi qu'il suit : — Avez-vous envie de vous marier? — A coup sûr.—Et combien avez-vous de fiancées? — Huit... tout bien compté. — Mais on dit que vous êtes très-peu fidèle? — On dit vrai. — En Angleterre les dames vous recherchaient fort et vous vous laissiez embrasser? — C'était pour ne pas les désobliger. — Combien de fois avez-vous été embrassé? — Un million de fois.» Et le nain montrait la liste de ses bonnes fortunes... Les Anglaises y tenaient la plus grande place... Ces dames l'avaient comblé de petits bijoux et d'imperceptibles tabatières...

Après avoir montré au roi un porte-cartes qui est un don de Sa Majesté Britannique, il en a tiré une douzaine de cartes en rapport avec sa taille, et portant en caractères gothiques ces mots : *Gen Tom Thumb,* et s'est empressé de les offrir à la famille royale, le tout avec des manières fort civiles... Le roi, la reine et les princes n'ont point voulu demeurer en reste de politesse avec le nain, et les ont reçues de bonne grâce , ce dont le petit visiteur fut enchanté. Le roi lui fit alors don d'une épingle;

plusieurs personnes pensèrent que Sa Majesté rétablissait un ancien usage et l'armait chevalier, car cette épingle était de taille à lui servir d'épée. Le nain, qui seul n'eut point cette idée, après en avoir sollicité la permission, l'a mise à sa cravate, détachant pour cela l'épingle qu'il avait reçue de la gracieuse Fanny Elssler... Mais cette action ne fut qu'un acte de déférence envers le roi et point d'infidélité envers la belle danseuse, qui continue de rester parmi les plus doux souvenirs du jeune Lilliputien. Il n'eut pas plus tôt pris congé de la cour, que chacun s'entretenait de sa bonne éducation, et de la manière toute diplomatique dont il a quitté le salon royal, se retirant à reculons pour ne présenter que la face à l'auguste assistance.

Après cette visite au roi, ce qui acheva de donner au nain un parfum de bonne compagnie, il s'annonça au public en faisant courir par les rues son coupé de vingt pouces de hauteur sur douze de large (mesure anglaise), garni dans le meilleur goût, et traîné par des poneys hauts de trente-quatre pouces anglais... Deux petits garçons, hauts, l'un de trois pieds huit pouces anglais (1 mètre 10 centimètres), l'autre de trois pieds anglais (85 centimètres), servaient de cocher et de valet de pied... Tous deux étaient vêtus d'une livrée bleue avec galons et aiguillettes d'argent ; leur culotte était de peluche cramoisie, leurs bas blancs, attachés par une jarretière à boucle d'argent. Leur coiffure se composait d'un chapeau à cornes et d'une perruque.. Les armes du général, blasonnées sur les panneaux de la voiture, sont : Britannia et la déesse de la liberté, dans un double écu supporté par le lion d'Angleterre et l'aigle d'Amérique. Le cimier est un soleil levant entouré des drapeaux des deux nations... La devise de l'écu est : « Go a Head » (marchons en avant). Tom Pouce installé au concert Vivienne y attira la foule du premier jour, et comme le nain avait mille inventions pour se faire remarquer des dames, elles vinrent souvent le visiter ; les plus curieuses voulurent vérifier l'authenticité de l'aventure du manchon de Fanny Elssler, dans lequel Tom-Pouce s'était réfugié un jour...

La Cité eut aussi son tour. Nains, équipages, valets et chevaux se rendirent quai Montebello, *dans* les magasins de nouveautés des *Tours-de-Notre-Dame*, tenus par M. Hébert, qui fit au nain les plus galants cadeaux, contenus dans une corbeille de satin rose où monsieur le nain se blottit, séance tenante, pour... essayer une chemise, vrai modèle de perfection.

Témoin de cette vogue, le directeur du Vaudeville enrôla le nain, et lui fit jouer le rôle du petit Poucet dans la pièce de ce nom, qui fut représentée bon nombre de fois... Il parut ensuite sur le théâtre Beaumarchais et sur le théâtre de Montmartre... Dans ces occasions, son guide et son interprète avaient grand soin de le sortir de sa voiture enveloppé d'un foulard, de sorte qu'il échappait par ce moyen aux indiscrétions de la foule, qui ne manquait nulle part de guetter son arrivée.

En dernier ressort, le nain, toujours curieux d'emplir ses cof-

fres de nos monnaies de France, organisa une dernière repré-
sentation à son bénéfice. C'est cette dernière fois qu'il amena,

retenu par une chaîne, le géant espagnol Eleiceigui, aussi remarquable par sa taille (2 mètres 33 centimètres) que par sa
gaucherie et sa stupidité, et dont il venait, disait-il, d'opérer la
capture... Ce trait d'audace était fait pour exciter l'enthousiasme
du parterre, et il l'excita de la plus belle façon. Pour prix de ses
exploits, Tom-Pouce obtint, concurremment avec beaucoup de
petits hommes et de petites choses, l'honneur d'être coulé en
sucre, en chocolat, en pain d'épice, en porcelaine, en plâtre et
en carton ; d'être chanté en voix de fausset sur les orgues de
Barbarie qui circulent dans la bonne ville qu'on dit la reine du
monde. Mais consolez-vous, monsieur le nain : c'est le sort réservé à tout ce qui devient célèbre, hommes et choses. La so-
ciété fait parcourir à ses gloires tous les échelons qui la com-

posent. Il faut que chacun jouisse à son tour, depuis le trône jusqu'à la loge du concierge. Mais le dernier apogée de l'honneur, de la gloire, c'est le succès populaire, c'est le succès de la rue, dernière page où le peuple inscrit ses souvenirs. Ah! par ma foi, monsieur le nain, si vous n'êtes pas content, je vous soupçonnerai d'ambition, et croirai que... vous vous trouvez trop grand, je parie!

www.ingramcontent.com/pod-product-compliance
Lightning Source LLC
Chambersburg PA
CBHW050024100426
42739CB00011B/2773